節要

大韓佛教曹溪宗 教育院

佛學研究所·教材編纂委員會 編

大韓佛教曹溪宗 教育院
佛學研究所 · 教材編纂委員會 編

法集別行錄節要並入私記

조계종출판사

刊 行 辭

　전통 강원은 승가 교육의 핵심을 담당하고 있는 중요한 교육기관입니다. 따라서 강원에서 교학을 연찬하고 수행하는 가운데 人天의 師表로서 훌륭한 스님으로 육성되는 것입니다. 이러한 강원의 四集 교재 중 節要를 새롭게 간행하여 승가 교육의 내실을 다질 수 있게 되어 다소나마 뿌듯합니다.

　강원의 교육은 조선 후기에 교과목이 확정된 이래 현재까지 그 기본 틀을 계속 유지해 오고 있습니다. 다만, 지금은 학제가 4년으로 줄고 전통 과목 외에도 여러 교과목이 추가되어 편성되어 있지만, 전통적인 교과목은 그대로 유지해 오고 있습니다.

　그러나 해방 이전까지만 해도 10년 내지 11년에 걸쳐서 배우던 교과목을 지금은 4년 만에 마치게 되었고, 4년이라는 짧은 시간에 추가된 여러 가지의 과목을 배우다 보니 시간이 상당히 부족하고, 그 결과 학습 내용이 매우 부실해질 수밖에 없는 것도 지금의 현실입니다.

　승가 교육을 책임지고 있는 교육원에서는 이러한 문제를 도외시 할 수 없었습니다. 그래서 우선 그 방법의 일환으로 교재를 개편해야 된다는데 의견의 일치를 모았습니다. 바로 2000년 강원 교과목의 통일 및 개선에 따른 연구 작업을 실시하면서 교재 개편안을 제시한 결과, 전통 교재의 원문은 한문 그대로 두되 주석을 한글화하자는 것에 모두의 합의점을 모았습니다.

　그동안 교육원에서는 교재편찬위원회와 검인정교재편찬위원회를 중심으로 강원 교육에서 한문으로 경론을 익히는 것은 매우 중요하므로 그 기본 틀은 유지하고, 주석은 한글화하여 한문 원문을 이해하는데 도움을 주고 원문을 이해하는데 걸리는 시간을 절약할 수 있는 작업을 진행해 온 결과 이렇게 사집 교재를 편찬하게 된 것입니다.

　물론 그 이전에 교육원에서 교재 개선 작업을 벌이지 않았던 것은 아닙니다. 1999년 교육원에서는 안진호스님이 懸吐를 달고 주석을 정리한 法輪社 本 사집 교재의 오자와 잘못된 부분을 시정하고 여러 가지 판본을 대조하여 校勘한 후 새롭게 사집 교재를 편찬하였습니다. 이 작업은 사실 귀중한 작업이었으며, 그 자료적 가치는 뛰어난 것이었습니다. 그러나 주석이 달리지 않은 관계로 일선 강원의 교재로 쓰지 못하는 안타까움이 많이 있었습니다.

　이러한 사정으로 인해서 교육원에서는 교육 원본 사집 교재를 바탕으로 주석을 보완하고 한글화하여 이번 책을 펴내게 되었습니다. 앞으로도 각 교육기관의 교재는 종단이 직접 저작하거나 검인정화한 통일 교재를 활용하여 강원 교육의 정체성을 함양해야 하는 만큼, 많은 강원에서 이 교재를 활용하여 학인들을 올바로 지도하고 학인들의 학습 성취도를 높일 수 있기를 바랍니다.

　이렇게 값진 책을 간행하기까지 수고하신 교재편찬위원 및 검인정교재편찬위원 스님들과 불학연구소에 심심한 감사의 말씀을 표합니다.

大韓佛敎曹溪宗 敎育院長 靑和

編 纂 辭

　　전통과 현대의 조화. 하지만 전통을 너무 고집하다 보면 시대에 뒤떨어지게 되고, 현대의 흐름에 매달리다 보면 깊이가 떨어져 단편적이며 주체성 없는 집단이 되어 창조적 힘과 정체성이 많이 반감될 것입니다.

　　지금의 승가대학(강원)은 이렇게 전통과 현대의 조화라는 막중한 과제를 안고 깨달음과 중생 교화의 일대사를 실현할 人天의 師表를 양성하는 기본교육기관으로서 막중한 책임을 담당하고 있습니다.

　　교육원에서는 이러한 전통을 견지하면서 시대의 정신과 방향에 일조할 수 있는 방향으로 교과목을 개편하고, 그에 필요한 교재를 개선하는 작업을 해 왔습니다. 그 동안 수 차례 회의와 논의가 있었고, 그에 따른 시행착오도 많았습니다.

　　하지만 모든 강원에서 공식적으로 활용해야 하는 종단의 교재인 만큼 교육적인 효과와 그 밖의 여러 가지 제반 사항을 모두 고려해서 펴내야 하기 때문에 본 교재는 다음과 같은 점에 주안점을 두고 편찬하였습니다.

① 전통적으로 활용해 왔던 看經用으로서 교재의 역할과 학인들에게 원문에 대한 이해를 충실히 도울 수 있는 효율적인 내용 전달용 교재로 활용할 수 있도록 했습니다. 원문을 한문으로, 주석을 간단한 각주와 상세한 미주로 한글화하여 처리한 것은 이러한 편찬 원칙에 따르기 위함이었습니다.

② 주석은 원문에 대한 이해를 충실히 돕는 방향으로 하되, 일상용어에 대한 것이 아닌 독특하고 난해한 문장이나 중요한 구절, 용어, 인명, 지명에 대해서만 주석 처리를 했습니다. 단, 일상화된 용어에 대한 주석을 달았다면 그 용어가 종파나 입장에 따라 각기 달리 쓰일 경우 책의 미주에 상세 주석을 달

았습니다.

③ 책의 후반에 자세한 내용의 해제를 달아서 절요에 대한 이해를 돕도록 했습니다.

　이러한 사항에 주안점을 두고 절요를 편찬하였기 때문에 본 책은 전통과 현대의 조화, 한문 해독 능력 배양과 원문에 대한 알기 쉬운 이해로 심층적인 불교 사상을 널리 펴는데 많은 도움이 될 것으로 기대합니다.

　현재 절요에 관한 몇 가지 책들이 나와 있습니다만, 교재로 활용하기에는 부적절하여 부득이 전통적 의미와 현대적 의미를 효율적으로 조화시키기 위해 이렇게 새롭게 편찬하였습니다. 하지만, 처음 시도되는 것이라 미흡한 점이 있으리라고 생각됩니다. 추후 미흡한 점을 계속 시정하여 더 훌륭한 교재로 만들고자 꾸준히 노력하겠습니다.

　책을 편찬하기까지 도움을 주신 관계자 여러분과 이 책의 감수를 맡아주신 편찬위원 지욱스님, 그리고 불학연구소 구성원들에게 고마운 마음을 전합니다.

大韓佛教曹溪宗 佛學研究所長　花郎

일러두기

1. 본 교재의 底本은 교육원본 절요를 바탕으로 삼되 교재로서의 역할에 충실하고자 각주로 처리된 교감 내용과 異字體나 俗字 등은 싣지 않았다. 단, 교육원본 원문에서 현재에 잘 쓰이지 않은 한자는 오늘날 상용하는 한자로 바꾸었다.

2. 교육원본 경전 인용 전거, 옛 스님들의 절요 사기, 그 밖의 여러 가지 책들을 참고하였다.

3. 본문의 내용 중 해당 전거에 대해서는 각주로 간단히 처리한 다음 책의 전체 미주에서 상세하게 한문 원문과 한글 본을 함께 실어서 충실한 이해를 돕도록 했다.

4. 현토는 안진호스님 현토를 수용하여 만든 교육원 본 현토를 그대로 살렸으나, 문맥이 맞지 않는 일부 잘못된 현토를 바로잡았다.

5. 본문은 각주와 미주로 나누어 주석하였다. 이 경우 미주는 각주와 해당 항목에 에 대해 자세히 해설한 것으로 해당 사항을 이해하는데 최대한 도움을 주고자 했다.

6. 본문에 대한 지눌스님의 사기는 본문과 명확히 구별하기 위해서 아래, 위로 한 칸씩 떼고 들여 쓰기를 했다.

7. 해제와 미주를 따로 책 뒤에 실어서 절요를 이해하는데 도움을 주고자 했다.

目　次

法集別行錄節要并入私記[1]

牧牛子[2]曰 荷澤神會[3]는 是知解宗師[4]라 雖未爲曹溪嫡子나 然이나 悟解高明하야 決擇了然[5]일새 密師[6]가 宗承其旨故로 於此錄中[7]에 伸而明之하야 豁然可見이어늘 今爲因敎悟心之者하야 除去繁詞하고 鈔出綱要하야 以爲觀行龜鑑하노라 予觀今時修心人호니 不依文字指歸[8]하고 直以密意相傳處[9]로 爲道則溟涬然徒勞坐[10]

---

1. 이 글은 唐나라 圭峰宗密의 찬술인 『法集別行錄』을 普照스님이 節錄하고, 아울러 자기의 의견을 서술하는 私記를 편입하고, 말미에 宋나라 大慧禪師의 看話禪을 응용하는 방편을 제시한 글이다. 普照스님이 입적하기 한 해 전인 1209년의 저술로서 『華嚴論節要』와 함께 절요의 형태를 띠고 있다. 『法集別行錄』에 대해서는 미주 제1항 참조.
2. 牧牛子는 普照知訥의 自號다. 미주 제2항 참조.
3. 荷澤宗의 개조인 荷澤神會를 말한다. 미주 제3항 참조.
4. 知解는 知見解會의 준말로서 자기의 思量 分別을 통해서 깨달아 아는 것으로 알음알이라고도 한다. 知解宗師와 관련해서 미주 제4항 참조.
5. 決擇(nairvedhik)은 決斷·簡擇의 뜻이다. 즉, 지혜로서 모든 의심을 결단하거나 四諦의 相을 잘 분별하는 것 등을 말한다.
6. 密師는 圭峰宗密을 말한다. 미주 제5항 참조.
7. 此錄은 圭峰宗密의 『法集別行錄』을 말한다.

睡하며　或於觀行에　失心錯亂故로　須依如實言敎하야

決擇悟修之本末하야　以鏡自心하면　卽於時中觀照에

不枉用功爾리라

又錄中所載에　神秀等諸宗을　在前者는　辨明得失하야

從淺至深故也요　今鈔에　荷澤宗을　在初者는　要令觀

行人으로　先悟自心이　任迷任悟하야　靈知不昧하야　性

無更改然後에　歷覽諸宗하면　知其旨趣가　皆於爲人

門中에　深有善巧故也니라　若未先得其源이면　則於諸

宗旨에　隨其言迹하야　妄生取捨之心이어니　何能融會하

---

8. 文字指歸는 문자가 가리키는 귀결점, 즉 근본 취지를 말한다. 이와 관련하여 미주 제6항 참조.

9. 密意는 표면적으로 드러나지 않은 의미다. 부처님의 眞意는 중생의 이해로는 알 수 없기 때문에 密이라고 한다. 중생에게 진실 그대로 말하면 이해를 하지 못하기 때문에 부처님은 진실을 전하기 위한 한 방편으로 중생을 가르치는데 이것을 方便密意敎라고 한다. 顯了眞實敎와 상대되는 말이다.

10. 溟涬然은 아직 아침에 해가 뜨지 않은 어두컴컴한 모양을 나타낸 말이다. 여기서는 혼침으로 몽롱한 상태를 말한다.

11. 北宗禪의 개조인 大通神秀를 말한다. 미주 제7항 참조.

12. 任迷任悟는 깨닫지 못한 미혹한 상태이거나, 이미 깨달은 상태이거나 상관없이 한결같이 항상 같다는 뜻이다. 靈知不昧의 '知'는 本覺眞心을 가리키는데, 知는 깨달은 자와 깨닫지 못한 자 누구에게나 있는 것이다. 靈知不昧에 대한 전거는 미주 제8항 참조.

야 **歸就自心耶**리오

又恐觀行者가 **未能忘懷虛朗**하야 **滯於義理故**로 **末後**에 **略引本分宗師 徑截門 言句**하야 **要令滌除知見之病**하고 **知有出身活路爾**로라

今時弘禪弘教之者가 **但以文字學解**로 **爲業**하고 **而於觀行出世**엔 **終不掛懷**하나니 **雖佛法流行**이 **時運所至**나 **然**이나 **人人日用**에 **了了能知之心**은 **煩惱性空**하고 **妙用自在**하야 **法爾如然**커니 **何關時運**이리오 **馬鳴祖師云 所言法者**는 **謂衆生心**이라하니 **豈欺人哉**리오 **但**

---

13. 本分宗師란 본래의 면목에 계합하여 學道人을 지도할 수 있는 역량을 가진 사람을 말한다. 이 글 끝에 소개하고 있는 大慧禪師의 看話徑截門 연구에 나오는 선사들은 知解를 여읜 본분종사라고 할 수 있다.

14. 徑截門은 간결한 방법이나 지름길을 뜻한다. 문자나 언어와 수행의 단계를 거치지 않고 바로 證果를 얻는 교법을 말한다. 이 경절문은 大慧宗杲 이래 우리나라에서도 普照知訥을 비롯하여 여러 스님들이 강조해 왔다.

15. 知見은 지식에 기초를 둔 견해를 말한다. 자기의 思量 分別에 의해 세운 견해로서 智慧와는 다르다. 지혜는 般若의 無分別智로서 思量 分別을 떠난 心識을 말한다. 知見을 지혜와 동의어로 쓸 때는 佛知見 또는 知見波羅密이라고 한다.

16. 出身活路의 出身은 生死에서 벗어나는 것을 말하며, 活路는 자유자재함을 말한다. 곧 일체의 속박을 끊고 깨달음의 세계를 초탈하여 어디에도 매이지 않는 自在無礙한 경지를 말한다.

信心이 堅固하야 專精觀照하야 積於淨業하면 此生에 雖
未得徹悟라도 不失成佛之正因也리라

自念無始劫來에 沈淪生死하야 受無量苦타가 今幸得
人身하고 幸逢佛法하며 幸免世間拘繫之事어늘 若自生
退屈커나 或生懈怠하야 不修觀行하고 虛消白日타가 須
臾失命하야 退墮惡趣然後에 雖欲願聞一句佛法하야
正念觀照인달 豈可復得乎아 故로 每勸同住道伴하노니
隨分觀行하야 願續佛祖壽命爾로니 冀諸達者는 同垂
證明하소서

錄에 曰禪門之旨는 在乎內照라 非筆可述이며 非言可宣
이로다 言雖不及이나 猶可强言이어니와 筆不可及이라 尤難

---

17. 馬鳴祖師에 대해서는 미주 제9항 참조.
18. 衆生心은 『起信論』에서는 중생의 心性, 곧 중생이 본래 갖추고 있는 眞如心을 말한다. 이것은 보편 평등한 것으로 일체 萬有를 섭수하고 전 우주를 포용하는 근본 진리를 가리킨다. 미주 제10항 참조.
19. 淨業은 淸淨한 善業의 뜻으로 發心하여 온갖 善行을 실천하는 거룩한 行을 말한다.
20. 惡趣(durgati)는 惡業에 의해 태어나는 세계를 말한다. 三惡趣·四惡趣·五惡趣·六惡趣가 있다. 미주 제11항 참조.

下筆이언마는 今不得已하야 而書之하노니 望照之於心하고 無滯於文矣어다

荷澤意者는 謂諸法이 如夢을 諸聖이 同說하시니 故로 妄念이 本寂하고 塵境이 本空이라 空寂之心이 靈知不昧하나[21]니 卽此空寂之心이 是前達摩所傳淸淨心也라[22] 任迷任悟하야 心本自知라 不藉緣生이며 不因境起니 迷時에 煩惱나 知非煩惱요 悟時에 神變이나 知非神變이어니와[23] 然이나 知之一字가 是衆妙之源이어늘 由迷此知하야 卽起我相하고 計我我所하야[24] 愛惡自生하며 隨愛惡情하야 卽爲善惡하

---

21. 妄念本寂은 망념의 체가 本來眞心이므로 本寂이라 한 것이고, 塵境本空은 마음을 떠나서는 자체가 없으므로 本空이라 한 것이다.
22. 淸淨心(apratiṣṭhita-citta)은 의심 없는 청정한 신념을 지닌 마음, 망념과 집착을 깨끗이 버린 마음, 즉 自性淸淨心을 말한다. 자성청정심에 대해서는 미주 제12항 참조.
23. 神變은 佛菩薩이 중생을 교화하고자 초인간적인 신통력에 의해 밖으로 갖가지 모습과 동작을 나타내는 것을 말한다. 일반적으로는 몸으로 나타내는 것을 말하는데, 이 경우에는 六神通 중 神足通을 體로 하지만, 넓게는 身·語·意를 말하기도 한다. 『大寶積經』 제86권에는 說法(意)·教誡(語)·神通(身)의 3종 신통이 있다고 하며, 신족통을 체로 하는 이른바 신변에 대해 震動 내지 大光明의 18종을 18變·18神變이라고 한다.
24. 我我所는 我와 我所를 붙여서 부르는 말로 나와 내가 소유한 것이라는 뜻이다. 즉, 我는 나 자신, 我所는 나에게 소속된 것, 또는 내가 소유한 것으로 여겨지는 것을 말하는데, 이는 변하지 않는 영원의 주체 我와 그 주체에 소속한 것을 말한다.

고 善惡之報로 受六道形하야 世世生生에 循環不絕하나니

若得善友開示하야 頓悟空寂之知하면 寂知는 且無念無

形커니 誰爲我相人相이리오 覺諸相空하면 心自無念이어니와

念起卽覺호리니 覺之卽無니 修行妙門이 唯在此也니라 故

로 雖備修萬行이나 唯以無念으로 爲宗이니 但得無念하면
　　　　　　　　　　　　　　　　　　　　25

則愛惡가 自然淡薄하고 悲智가 自然增明하며 罪業은 自

然斷除하고 功行이 自然增進하리니 於解엔 則見諸相이 非

相하고 於行엔 則名無修之修니 煩惱盡時에 生死卽絕이요

生滅이 滅已하면 寂照現前하야 應用無窮을 名之爲佛이라
　　　　　　　　　　　　26

하니라

北宗意者는 衆生本有覺性은 如鏡有明性하고 煩惱覆
　　27

六道는 六趣라고도 한다. 중생이 邪執·謬見·煩惱·善·惡業 등으로 인해 죽어서 머
무는 장소를 여섯 가지로 나누어 가리킨 것이다. 즉, 地獄道·餓鬼道·畜生道·修羅
道·人間道·天道이다. 이것은 色界·欲界·無色界의 3계와 함께 중생이 윤회전생하
는 범위로 인정된다. 六道 가운데 앞의 세 가지를 三惡道, 뒤의 세 가지를 三善道라고
하는 설도 있다.
25. 無念爲宗에 대해서는 미주 제13항 참조.
26. 寂照의 寂은 진리의 體를 가리킨 말이고, 照는 진리의 用을 가리킨 말이다.
27. 北宗은 神秀 계통의 北宗禪을 말한다. 미주 제14항 참조.

之不現은 如鏡有塵闇하니 若依言敎하야 息滅妄念하야 念
盡則心性이 覺悟하야 無所不知가 如磨拂昏塵에 塵盡則
鏡體明淨하야 無所不照니라

評曰此는 但染淨緣起之相이며 反流背習之門이라 而
不覺妄念이 本無하고 心性이 本淨하나니 悟旣未徹커니
修豈稱眞哉리오

洪州意者는 起心動念과 彈指動目所作所爲가 皆是佛
性全體之用이라 更無別用이니 全體貪嗔癡라 造善造惡
하야 受苦受樂이 皆是佛性이 如麵作種種飯食에 一一皆
麵이니라 意以推求컨댄 此身四大骨肉과 喉舌牙齒와 眼耳
手足이 並不能自語言見聞動作하나니 假如一念命終하야
全身이 都未變壞라도 卽便口不能語하고 眼不能見하며 耳

---

28. 洪州는 馬祖道一의 문파인 홍주종을 말한다. 미주 제15항 참조.
29. 卽은 두 가지가 하나로 融化한 것을 가리키는 말로서 세 가지 뜻이 있다. 첫째, 본래
   하나가 아닌 것을 하나로 합일했다는 뜻이다(二物相合). 둘째, 종이나 손의 속과 겉처
   럼, 겉으로는 두 가지처럼 보이나 일체인 뜻이 있다(背面相翻). 셋째, 물과 파도처럼 한
   물건의 體 그대로가 다른 물건인 뜻으로 쓰인다(當體全是).

不能聞하고 脚不能行하며 手不能作하나니 故知能語言動
作者는 必是佛性이로다 且四大骨肉을 一一細推컨댄 都不
解貪瞋癡라 故로 貪瞋煩惱가 竝是佛性이로다 佛性은 體
非一切差別種種이로대 而能造作一切差別種種하나니 體
非種種者는 謂此性이 非凡非聖이며 非因非果며 非善非
惡이며 無色無相이며 無去無住며 乃至無佛無衆生也요
能作種種者는 謂此性이 卽體之用이라 故로 能凡能聖하
²⁹
며 能因能果하며 能善能惡하며 現色現相하며 能佛能衆生
이며 乃至能貪瞋癡等이니 若覓其體性컨댄 則畢竟에 不
³⁰
可見不可證이 如眼不自見等이요 若就其應用인댄 則擧
動運爲가 一切皆是佛性이라 更無別法이 而爲能證所
證이라하니 彼意는 准楞伽經컨댄 云如來藏이 是善不善因
³¹
이라 能遍興造一切趣生하야 受苦樂이 與因俱라하시며 又云
³²

---

30. 體性의 體는 물건이나 사물의 본질을 말하는 것이고, 性은 그 체가 변하거나 고쳐지지
   않는 것을 가리키는 말이다.
31. 如來藏에 대해서는 미주 제16항 참조.
32. 是善不善因에서 受苦樂 與因俱까지는 『楞伽阿跋多羅寶經』 제4권, 「一切佛語心品」 4의

佛은 語心爲宗이라하고 又云或有佛刹은 揚眉動目과 笑欠
＾33

謦欬와 或動搖 等이 皆是佛事라하니라 旣悟解之理가 一切
＾34

天眞自然일새 故로 所修行이 理宜順此요 而乃不起心斷

惡修善이며 亦不起心修道니 道卽是心이라 不可將心하야

還修於心이며 惡亦是心이라 不可將心하야 還斷於心이니 不

斷不修하고 任運自在를 名爲解脫人이니 無法可拘며 無佛

可作이 猶如虛空이 不增不減이어니 何假添補리오 何以故오

心性之外엔 無一法可得故니 故로 但任心이 卽爲修也니라

評曰此與前宗으로 敵體相反이니 前則朝暮分別動作이

一切是妄이요 此則朝暮分別動作이 一切是眞일새니라

牛頭宗意者는 諸法이 如夢이라 本來無事요 心境이 本寂
＾35

내용 가운데서 인용한 것이다. 원문은 미주 제17항 참조.

33. 佛語心爲宗은 '부처님의 말씀은 마음으로 종지를 삼았다'는 것으로, 이에 대한 전거는
    미주 제18항 참조.

34. 或有佛刹에서 動搖等까지는 『楞伽阿跋多羅寶經』 제2권, 「一切佛語心品」 2에 나온 구
    절이다. 원문은 미주 제19항 참조.

35. 牛頭宗과 牛頭法融에 대해서는 미주 제21항 참조.

이라 非今始空이어늘 迷之謂有하야 卽見榮枯貴賤等事로다 事既有相違相順故로 生愛惡等情하나니 情生則諸苦所繫어니와 夢作夢受어니 何損何益이리오 此能了之智도 亦是夢心이며 乃至設有一法이 過於涅槃이라도 亦如夢幻호리라 既達本來無事[36]라 理宜喪己忘情이니 情忘則絶苦因하야 方度一切苦厄[37]이라하니 此는 以忘情으로 爲修行也니라

評曰前은 以念念全眞으로 爲悟하고 任心으로 爲修어니와 此는 以本來無事로 爲悟하고 忘情으로 爲修니라

又上三家見解異者는 初는 一切皆妄이오(北宗) 次는 一切皆眞이요(洪州) 後는 一切皆無니라(牛頭) 若就行說者인댄 初는 伏心滅妄이요(北宗) 次는 信任情性이요(洪州) 後는 休心不起니라(牛頭)

且宗密은 性好勘會[38]하야 一一曾參하야 各搜得旨趣如

---

36. 本來無事는 어떤 것도 일삼을 것이 없는 자유롭고 편안한 경지를 나타내는 말이다. 선종 초기에는 주로 '無心'이란 용어를 사용했는데, 黃檗希運 이후로 '無事'라는 표현이 중시되었다. 미주 제20항 참조.
37. 諸法如夢에서 方度一切苦厄까지는 『禪源諸詮集都序』 상권, 제2 가운데 二泯絶無寄宗을 설명하는 부분에서 자세히 나온다. 원문은 미주 제22항 참조.

是어니와 若將此語하야 問彼學人하면 卽皆且不招承하리
라³⁹ 問有答空하고 徵空指有하며 或言俱非라하고 或言皆
不可得과 修不修等이 皆類此也니 彼意者는 常恐墮
於文字며 常怕滯於所得故로 隨言拂也니라 有歸心
師學하야사 方委細敎授하야 令多時觀照하야 熟其行解
矣리라

私曰下文에 云洪州常云 貪嗔慈善이 皆是佛性이어니
有何別者리오하니 如人이 但觀濕性이 始終無異하고 不
知濟舟覆舟功過懸殊라 故로 彼宗이 於頓悟門에 雖
近而未的이요 於漸修門而全乖며 牛頭는 已達空故로
於頓悟門而半了하고 以忘情故로 於漸修門而無虧로
다 北宗은 但是漸修라 全無頓悟故로 修亦非眞이며 荷
澤則必先頓悟하고 依悟而修라하니 據此文義컨댄 洪州
는 於頓悟門에 近而未的이요 牛頭는 半了니 如是則凡

修心人이 唯取信於荷澤이오 不取信於餘宗이 必矣로다
然이나 觀其敍洪州牛頭二宗之意컨댄 能深能廣하며
窮極秘隱하야 使修心人으로 豁然自見於語言動用中
케하니 何其妙密旨趣如斯오 未詳케라 密師之意는 於二
宗旨에 毁耶아 讚耶아 然이나 但破後學如言之執하야
使其圓悟如來知見이언정 而於二宗엔 無毁讚心하니
何以知之오 且如禪源諸詮集序에 分判三宗호대 其
略日一은 息忘修心宗北宗이오 二는 泯絶無寄宗牛頭이니 說
凡聖等法이 皆如夢幻이라하야늘 汎參禪理者가 皆說此
言이 便爲臻極이라하고 不知此宗은 不但以此言으로 爲
法이라하니 以此而推컨댄 密師가 豈不知牛頭之道圓滿
成就耶리오마는 而云牛了者는 爲但認空寂之理하야 爲
極者하야 欲令知自性本用靈知之心하야사 方爲圓了

---

40. 宗密은『禪源諸詮集都序』(大正藏 48, 402中)에서 敎와 禪을 세 가지로 분류하여 배대
시켰는데, 密意依性說相敎·密意破相顯性敎·顯示眞心卽性敎로 교를 분류하고, 息妄
修心宗·泯絶無寄宗·直顯心性宗으로 선을 분류하였다.
41. 凡聖等法으로부터 不但以此言爲法까지는『禪源諸詮集都序』상권, 제2에서 二泯絶無寄
宗을 설명하는 부분에 자세히 나온다. 원문은 미주 제22항 참조.

耳니라 第三은 直顯心性宗이니 洪州荷澤 說一切法若有若空
이 皆唯眞性이니 於中에 指示心性이 有二類하니 一은 云
卽今能語言動作과 貪嗔慈忍等이 卽汝佛性이니 但隨
時隨處하야 息業養神하야 聖胎增長하면 現發自然神妙
라하니 此卽是爲眞悟眞修眞證也요 二는 云諸法이 如
夢을 諸聖이 同說하시니 故로 妄念이 本寂하고 塵境이 本
空이라 空寂之心이 靈知不昧가 是汝眞性이라하니 然이나
此兩家는 皆會相歸性故로 同一宗이니라 然이나 上三宗
이 種種不同이나 皆是二利行門에 各隨其便이라 亦無
所失이언마는 但所宗之理는 不合有二[42]라하니 文繁不具載 以是
當知하라 密師가 非不知馬祖[43]說法이 直顯心性하야 於
二利行門[44]에 深有善巧언마는 而云雖近而未的者는 蓋
恐學者認能語言하야 滯在隨緣之用이요 而未的悟寂

---

42. 二利行門은 自利와 利他의 보살 만행을 말한다.
43. 說一切法으로부터 不合有二까지는 『禪源諸詮集都序』 상권, 제2 가운데서 直顯心性宗
    을 설명하는 부분의 내용이다. 원문은 미주 제23항 참조.
44. 馬祖는 馬祖道一을 말한다. 미주 제24항 참조.

知耳니라　是故로　而今末法修心之人은　先以荷澤　所

示言教로　決擇自心性相體用하야　不墮空寂하며　不滯

隨緣하야　開發眞正之解然後에　歷覽洪州牛頭二宗之

旨하면　若合符節하리니　豈可妄生取捨之心耶리오　故로　云

三點이　各別하면　旣不成伊요　三宗이　若乖면　焉能作佛이라
　　　　45　　　　　　　　　　　　　　　　　46

함이　此之謂也니라　前에　云洪州는　於漸修門에　全乖라하고

又云眞修眞證이라하니　語似相違나　然이나　且約悟解之理

가　天眞自然하야　無可修治故로　云全乖라하고　或約隨處

養神하야　現發神妙之行故로　云眞修라하니　皆有旨趣故

로　不相違하니　修心者는　勿生疑念이어다　須知覽鏡者는

要在辨自面之妍醜耳니　豈可滯於他文하야　諍論過

日而不辨自心하며　不修正觀耶리오　古人이　云佛法은

貴在行持요　不取一期口辨이라하니　切須在意하며　切須
　　　　　　　　　　　　　　　　47

---

45. 三點은 圓伊三點을 말한다. 悉曇의 伊자가 세로줄도 가로줄도 아닌 세 개의 점으로 이루
　　어져 어느 하나라도 결여되면 그 의미를 상실하게 되는 것을 말한다. 미주 제25항 참조.
46. 三宗은 禪宗三種門, 즉 息妄修心宗·泯絶無寄宗·直顯心性宗이다.
47. 延壽의 저술인『萬善同歸集』(大正藏 48, 972中下)에 "그러므로 불법의 귀함은 부지런

在意_{어다}

上已各敍一宗_{일새} 今辨明深淺得失_{하리라} 然_{이나} 心貫萬法_{이라} 義味無邊_{하니} 諸敎_는 開張_{이요} 禪宗_은 撮略_{이니라} 撮略者_는 就法_{하야} 有不變隨緣二義_{하고} 就人_{하야} 有頓悟漸修兩門_{하니} 二義現_{하면} 卽知一藏經論之指歸_요 兩門_이 開_{하면} 卽見一切賢聖之軌轍_{하리니} 達摩深旨_가 意在斯焉_{이니라}

初_에 法有不變隨緣者_는 然_{이나} 象外之理_는 直說難證_{일새} 今_에 以喩_로 爲衡鏡_{하야} 定諸宗之得失_{하며} 辨自心之眞妄_{호리라} 然_{이나} 初覽時_에 但且一向讀喩_{하야} 辨本末了然後_에 却以注文_{으로} 對詳其理也_{니라} 如摩尼珠_가 唯圓淨明_{하야} 都無一切差別色相_{이언마는}

히 수행하여 계를 지키는데 있고, 한때 변명하는 것을 취하지 않는다(是以佛法貴在行持 不取一期口辯)"라는 내용이 나온다.

48. 諸敎開張 禪宗撮略을 『禪源諸詮集都序』상권, 제1(大正藏 48, 399下)에서는 '佛經開張 羅大千八部之衆 禪偈撮略 就此方一類之機'라고 하였다.

49. 衡鏡은 저울과 거울을 말하는데, 일반적으로 시비와 선악을 판별하는 기준을 말한다.

一靈心性이 空寂常知하야 本無一切分別하며 亦無一切善惡也니라

以體明故로 對外物時에 能現一切差別色相하나니

以體知故로 對諸緣時에 能分別一切是非好惡하며 乃至經營造作世間出世間種種事數하나니 此是隨緣義也라

色相이 自有差別이언정 明珠는 不曾變易이니라

愚智善惡이 自有差別하며 憂喜憎愛도 自有起滅이나 能知之心은 不曾間斷하나니 此是不變易義也니라

然이나 珠所現色이 雖百千般이나 今且取與明珠相違之黑色하야 以況靈明知見이 與黑闇無明으로 雖相違나 而是一體호리라 法喩已具 謂如珠現黑色時에 徹體全黑하야 都不見明커든 癡孩子와 或村野人이 見之코 直是黑珠라하거든

靈知之心이 在凡夫時에 全是愚迷貪愛故로 迷人은
但見定是凡夫라하나니 上은 都喩六道衆生也니라

有人이 語云 此是明珠라하야도 灼然不信하고 却瞋前人하
야 謂言欺誑하야 任說種種道理라하고 終不聽覽하며

宗密이 頻遇如此之類하야 向道호대 汝今了了能知가
現是佛心이라하야도 灼然不信하야 直不肯照察하고 但言
某乙은 鈍根이라 實不能入이라하나니 此是大小乘法相과
及人天敎中에 着相之人意所見이 如此也니라
私曰於此에 不生怯弱하고 的信自心하야 略借廻光하고
親嘗法味者는 是謂修心人解悟處也어니와 若無親切
返照之功하고 徒自點頭道호대 現今了了能知가 是佛
心者인댄 甚非得意者也니라

---

50. 人天敎는 宗敎的 解脫을 설하지 않는 世間敎를 말한다. 五戒를 보전하여 인간에 태어
나고 十善을 행하여 천상계에 태어나는 것을 설한다. 이것은 불교에 들어오게 하기 위
한 방편의 교설로 人天乘이라고도 한다.

縱有肯信所說이 是明珠者라도 緣目覩其黑하야 亦謂被 黑色纏裹覆障이라 擬待磨拭揩洗하야 去却黑闇코사 方 得出明相現하리니 始名親見明珠라하나니라

北宗見解가 如此也라

私曰冀修心人하노니 切須審詳하야 不墮此見이어다 不 可離妄求眞이며 亦不可認妄爲眞이니 若了妄念이 從 性而起라 起卽無起하야 當處便寂하면 豈有眞妄二見 乎아

復有一類人이 指示云 卽此黑闇이 便是明珠라 明珠之 體는 永不可見이니 欲得識者인댄 卽黑이 便是며 乃至卽 種種靑黃이 皆是라하야 致令愚者로 的信此言하야 專記黑 相하며 或認種種相하야 以爲明珠하고 或於異時에 見黑槵子⁵¹ 米吹靑珠와 乃至赤琥珀白石瑛等珠하야도 皆云是摩尼珠라

---

51. 槵子는 염주나무를 말한다.
52. 見網은 갖가지 잘못된 견해를 그물(網)에 비유해서 말한 것이다.

가 或於異時에 見摩尼珠가 都不對色時에 但有明淨之相이
면 却不認之하나니 以不見有諸色可識認故며 疑恐局一
明相故니라

洪州見解가 如此也라 言愚者는 彼宗後學也라 異時로
乃至黑樏子等者는 心涉世間하야 分別麤境時에 見貪
愛瞋慢之念也요 琥珀白石瑛等者는 如慈善謙敬之
念也라 不對色時者는 無所念也라 但有明淨者는 了了
自知無念也라 疑局者는 彼云唯認知가 是偏局也라
私曰修心人이 若了善惡性空하야 都無所得하면 雖終
日運用이라도 恒自無心하야 不墮愚者之見이어니와 又若
無緣對하야 了了自知無念之時에 復生識認이면 則見
網이 轉彌矣리라
52   53

復有一類人은　聞說此種種色이　皆是虛妄이라　徹體全空이

라하면　卽計此一顆珠도　都是其空이라하야　便云都不執定이라사

方是達人이요　認有一法이면　便是未了라하고　不悟色相皆空

之處가　乃是不空明瑩之珠로다

　牛頭見解가　如此也라　聞般若經說空하고　計本覺性도
　　　　　　　　　　　　　　　　　　　　　54
亦空無所有라하나니　今則明眞心之中에　無分別貪嗔

等念을　名爲心空이지　非謂無心이니라　言無心者는　但

遣心中煩惱也니　故知牛頭는　但遣其非요　未現其是

로다

　私曰若使修心人으로　不落空亡인댄　雖如是說이나　若

對隨言轉執者하야　刮除心目之病인댄　則說本覺性도

亦無所有라한들　有何過哉리오　此下는　喩荷澤意也니라

何如直云唯瑩淨圓明이라사　方是珠體리오

　唯空寂知也라　若但說空寂하고　而不顯知면　則何異

虛空이며 亦如圓顆瑩淨之瓷團이 雖淨而無明性커니 [55]
何名摩尼며 何能顯影이리오

其黑色과 乃至一切靑黃色等이 悉是虛妄이니 正見黑
時에 黑元不黑이라 但是其明이며 靑元不靑이라 但是其明
이며 乃至赤白黃等도 一切皆然하야 但是其明이니 卽於諸
色相處에 一一但見瑩淨圓明하면 卽於珠에 不惑하리라

一切皆空이라도 唯心不變이니 迷時에도 亦知라 知元不
迷며 念起에도 亦知라 知元無念이며 乃至哀樂喜怒愛
惡에도 一一皆知라 知元空寂이니 空寂而知라사 卽於
心性에 了然不惑하리니 此上은 皆逈異諸宗也니라

但於珠에 不惑하면 則黑則無黑이라 黑卽是珠며 諸色도 皆
爾하야 卽是有無自在하며 明黑이 融通이어니 復何礙哉리오

---

55. 圓顆는 둥근 흙덩이를 말하고, 瓷團은 사기를 둥글게 뭉쳐 놓은 것이다.

黑卽無黑은 同牛頭하고 黑卽是珠는 同洪州하니 若親

見明珠인댄 深必該淺故也니라

若不認得明是能現之體라 永無變易하고 但云黑等이

是珠라하며 或擬離黑覓珠커나 或明黑이 都無者인댄 皆是

未見珠也니라

私曰向來에 所謂悟解高明하야 決擇了然이 正謂是

也니라

問이라 據諸大乘經과 及古今諸宗禪門과 乃至荷澤所

說理性컨댄 皆同云無生無滅하며 無爲無相하며 無凡無

聖하며 無是無非하며 不可說不可證이라하시니 今但依此卽

是어니 何必要須說靈知耶리오

答이라 此竝是遮過之辭요 未爲現示心體니 若不指示現

56

---

56. 遮過之辭란 '허물을 막는 말', 즉 遮詮的 論理를 말한다. 遮詮은 부정적인 표현으로 表
    詮과 반대되는 말이다. 즉, 여러 경전에서 眞如의 뜻을 설명할 때 不生不滅·不增不減
    등의 부정적인 표현으로 나타내는 것을 말하며, 表詮은 긍정적인 논리다.

今에 了了常知하야 不斷不昧가 是自心者인댄 說何無爲無相等耶리오 是知諸敎에 只說此知가 無生無滅等也로다 故로 荷澤이 於空無相處에 指示知見하야 令人認得일새 便覺自心이 經生越世라도 永無間斷하야 乃至成佛也니라 又荷澤이 收束無爲無住와 乃至不可說等種種之言하야 但云空寂知라하야 一切攝盡하니 空者는 空却諸相이라 猶是遮遣之言이요 寂은 是實性이 不變動義니 不同空無也요 知는 是
60
當體表現義니 不同分別也라 唯此라사 方爲眞心本體니 故로 始自發心으로 乃至成佛히 唯寂唯知라

不變不斷이언마는 但隨地位하야 名義稍殊니라 ^{云云 已載社 文 此不錄焉}
57 58
間이라 洪州도 亦云靈覺과 及鑑照等이어니 何異於知리오 答이라 若據多義하야 以顯一體인댄 卽萬法이 皆是一心이어니 何唯覺鑑等이리오 今就剋體指示인댄 則愚智善惡으로

---

57. 始自發心으로부터 名義稍殊까지는 普照知訥의 『普照全書』「勸修定慧結社文」에 나온다. 원문은 미주 제28항 참조.
58. 文은 「勸修定慧結社文」을 말한다.

乃至禽畜等히 心性이 皆自然了了常知하야 異於木石이
니라 其覺智等言은 卽不通一切니 謂迷者는 不覺이요 愚
者는 無智며 心無記時는 卽不名鑑照等이어니 豈同心體
59
自然常知리오 故로 華嚴疏主心要牋에 云無住心體가
靈知不昧라하시니 洪州가 雖云靈覺이나 但是標眾生有之
니 如云皆有佛性之言이라 非的指示니 指示則但云能
語言等이라하니 若細詰之인댄 卽云一切名이라 無有定法이
로다 且統論컨댄 敎有遣顯二門하니 推其實義인댄 有眞空
61
妙有하고 究其本心컨댄 具體具用하니 今洪州牛頭는 以拂
迹으로 爲至極하니 但得遣敎之意와 眞空之義라 雖成其
體나 失於顯敎之意와 妙有之義라 闕其用也로다

---

59. 無記(avyākṛta)는 善도 不善도 아닌 것을 말한다. 미주 제29항 참조.
60. 華嚴疏主는 淸凉國師 澄觀스님을 말한다. 心要牋이라 한 것은 順宗 황제가 태자로 있을 때 청량국사에게 心要를 물었는데, 국사께서 편지(牋)로 답해 주었기 때문에 '심요전'이라 한다.
61. 遣顯二門에서 遣은 遮遣, 顯은 表顯의 뜻이다. 즉, 여러 경전에 眞如의 성품을 不生不滅·不增不減·非凡非聖 등의 非·不·無자 등을 사용하여 부인하는 것을 遣門이라고 하고, 어떤 사물이든지 긍정적인 표시를 하여 모두 포용하고 융섭하여 드러내는 것을 顯門이라고 한다.

問이라 洪州는 以能語言動作等으로 顯於心性하니 卽當顯教라 卽是其用이어니 何所闕耶리오

答이라 眞心本體에 有二種用하니 一者는 自性本用이요 二者는 隨緣應用[62]이라 猶如銅鏡하니 銅之質은 是自性體요 銅之明은 是自性用이며 明所現影은 是隨緣用이라 影卽對緣方現이니 現有千差어니와 明卽常明이라 明唯一味니 以喩心常寂은 是自性體요 心常知는 是自性用이며 此知가 能語言能分別等은 是隨緣用이니 今洪州指示能語言等하니 但隨緣用이요 闕自性用也니라 又顯教에 有比量[63]顯과 現量顯하니 洪州云 心不可指示라하야 以能語言等으로 驗之하야 知有佛性하니 是는 比量顯也요 荷澤은 直云心體能知라 知卽是心이라하니 此는 約知以顯心하니 是는

---

62. 隨緣應用의 전거에 대해서는 미주 제30항 참조.
63. 比量은 경험과 지식을 바탕으로 새로운 상황과 알지 못하는 사실을 추측하는 것이다. 예를 들면, 꿀벌과 나비가 있는 것을 보고 그 곳에 꽃이 있다는 걸 짐작하고, 담 넘어 소뿔을 보고 소가 있는 것을 짐작하고, 먼 곳에 연기가 피어오르는 것을 보고 불이 난 것을 안다는 것 등이다. 現量은 비판과 분별을 떠나 외계의 事象을 있는 그대로 깨우치는 것이다. 예를 들면, 맑은 거울은 앞에 무슨 형상이든지 있는 그대로 비추어 주는 것처럼 분별하거나 차별하는 생각 없이 그대로 직시하는 것이다.

現量顯也니라 此上은 已述不變隨緣二義하니라

私曰 裴相國이 上密禪師狀에 云宗徒各異하야 互相
誹訕하니 莫肯會同이라하며 師亦云言愚者는 彼宗後
學也라하니 今辨明得失이 皆爲錯承宗旨하야 失意之
徒가 明矣로다 洪覺範이 於林間錄中에 斥破此師所
判하고 扶顯洪州牛頭之旨者는 此師所論過失이 似
歸諸宗之主하야 恐惑後學之心故也라 是乃古人對
機門中에 各有善權하니 不可如言妄生彼我之見하고
當須將此明鏡하야 照見自心하며 決擇邪正하고 定慧
雙修하야 速證菩提어다

次明頓悟漸修兩門者는 然이나 眞如之理는 尙無佛無衆
生이온 況有師資傳授아 今旣自佛已來로 祖代傳授하시니

---

64. 裴相國은 裴休를 말한다. 미주 제31항 참조.
65. 洪覺範은 慧洪覺範을 말한다. 미주 제32항 참조.
66. 林間錄은 慧洪覺範이 道俗의 제자를 위하여 古來의 고승 대덕 등의 일화 및 참선 유훈
    등에 대해서 말한 300여 편의 談話를 문인 本明이 필사하여 하나의 책으로 만든 것이
    다. 책 이름은 숲 속에서 淸淡한 語錄이라는 의미이며, 大觀 원년(1107)에 謝逸이 序를
    썼다. 별도로 林間後錄이 있어 像贊·銘·序에 대해 서술하고 있다.

卽知約人하야는 有修證趣入之門也로다 旣就人論인댄 則有

迷悟凡聖하니 從迷而悟는 卽頓이요 轉凡成聖은 卽漸이니라

頓悟者는 謂無始迷倒하야 認此四大爲身하고 妄想爲心

하야 通認爲我라가 若遇善友爲說如上不變隨緣性相體

用之義하야 忽悟靈明知見이 是自眞心이요 心本恒寂하야

無邊無相이 卽是法身이니 身心不二가 是爲眞我라 卽與

諸佛로 分毫不殊일새 故로 云頓也니 如有大官이 夢在牢

獄하야 身着枷鎖하고 種種憂苦하야 百計求出이라가 遇人

喚起하야 忽然覺悟하야는 方見自身이 元在自家하야 安樂

富貴가 與諸朝僚로 都無別異也니라 言大官者는 喩佛性

也요 夢者는 迷也요 牢獄者는 三界也요 身者는 喩阿賴

耶識也요 枷鎖者는 貪愛也요 種種憂苦者는 受報也요

百計求出者는 問法勤修也요 遇人喚起者는 善知識也

요 忽然覺悟者는 聞法心開也요 方見自身者는 喩法身

67

---

67. 枷鎖는 형틀을 말한다.

眞我也요 元在自家者는 經云畢竟空寂舍也요 安樂者

는 寂滅爲樂也요 富貴者는 體上에 本有河沙功德妙用

也요 與諸朝僚로 無異者는 同諸佛之眞性也라 據此法

喻컨댄 一一分明하니 足辨夢寤身心이 本源雖一이나 論其

相用컨댄 倒正이 懸殊하니 不可覺來에 還作夢事官이니라

以喻心源은 雖一이나 迷悟懸殊하니 夢時拜相이 ^{迷時修得大}
^{梵天等位也}

不及覺時作尉며^{悟後初入}
^{十信位也} 夢時七寶가^{迷時修無}
^{量功德也} 不及覺時百錢

^{悟時持五}
이니^{戒十善也} 皆以一妄一眞故로 不可類니라^{諸教皆云施七寶三千界}
^{不如聞一句偈是此意也}

今旣有師資傳授하니 卽須簡辨倒正也니라

私曰願諸求道者는 於此頓悟門에 進退思看하라 法

喻分明하니 時中自驗이어다 若無悟解處면 修豈稱眞

哉리오 予見敎學者호니 滯於權敎所說하야 眞妄別執하

여 自生退屈하며 或口談事事無礙호대 不修觀行하며

不信有自心悟入之秘訣하고 纔聞禪者見性成佛하면

以謂不出頓敎離言之理라하고 不知此中에 圓悟本心

不變隨緣과 性相體用과 安樂富貴가 同於諸佛之意

어니 豈爲有智慧人也리오 又見禪學者호니 但知過量

機不踐階梯하고 徑登佛地之義요 不信此錄中에 有
　　68

悟解後初入十信位之文이로다 以故로 纔有自心開
　　　　　69

發處하면 不知解行之深淺과 染習之起滅하고 多有法

慢하야 所發言句가 越分過頭로다 華嚴論에 亦云 大
70　　　　　　　　　　　　　　　　71

心凡夫가 於信因中에 契諸佛果德을 分毫不謬하야
72

方成信也라하니 若知此意면 則不自屈不自高하야 方
73

爲得意修心者也리라 此後漸修는 是圓漸이니 切須審

詳이어다

次明漸修者는 雖頓悟法身眞心이 全同諸佛이나 而多劫

---

68. 過量機는 뛰어난 근기를 말한다.
69. 十信은 보살의 수행 계위 52위 가운데 처음의 十信位를 말한다. 불법의 진리를 믿어 의심이 없는 지위로서 信心·念心·精進心·慧心·定心·不退心·護法心·廻向心·戒心·願心을 말한다.
70. 法慢은 자기가 얻은 法에 대해서 교만심을 일으키는 것이다.
71. 唐나라 李通玄의 『新華嚴論』을 말한다.
72. 大心凡夫에 대해서는 미주 제33항 참조.
73. 『新華嚴經論』 권제14 「如來名號品」(大正藏 36, 809中)에 나오는 내용이다.

에 妄執四大爲我라 習與成性하야 卒難頓除故로 須依悟
漸修하야 損之又損하야 乃至無損⁷⁴하면 卽名成佛이니 非此
心外에 有佛可成也니라 然雖漸修나 由先已悟煩惱本
空하고 心性本淨故로 於惡에 斷호대 斷而無斷하고 於善에
修호대 修而無修라사 爲眞修斷矣⁷⁵니라

問이라 悟了코 復修者는 據前夢喩컨댄 豈不似覺來更求
出獄脫枷乎아

答이라 前은 但喩頓悟義요 不喩漸修義니 良由法有無量
義하고 世事는 唯一義니 故로 涅槃經에 雖唯談佛性이나
而八百喩가 各有配合하니 不可亂用이니라 今明漸修喩者는
如水被風激하야 成多波浪하면 便有漂溺之殃하고 或陰寒
之氣가 結成氷凌하면 卽阻漑滌之用이어니와 然이나 水之濕
性은 雖動靜凝流라도 而未嘗變易하나니 水者는 喩眞心
也요 風者는 無明也요 波浪者는 煩惱也요 漂溺者는 輪

---

74. 損之又損 乃至無損의 전거에 대해서는 미주 제34항 참조.
75. 雖漸修로부터 爲眞修斷矣까지는 『修心訣』에 나온 내용이다. 원문은 미주 제35항 참조.

廻六道也요 陰寒之氣者는 無明貪愛之習氣也요 結成氷凌者는 堅執四大雙質礙也요 卽阻漑滌之用者는 漑는 [76] 喩雨大法雨하야 滋潤群生하야 生長道芽요 滌은 喩蕩除煩惱니 迷皆不能일새 故로 云阻也라 然이나 水之濕性은 雖動靜凝流而未嘗變易者니 貪嗔時에도 亦知요 慈濟時에도 亦知며 憂喜哀樂變動에도 未嘗不知일새 故로 云不變也라 今頓悟本心常知는 如識不變之濕性이요 心旣無迷하야 卽非無明은 如風頓止요 悟後自然攀緣漸息은 如波浪漸停이니 以戒定慧로 資熏身心하야 漸漸自在하며 乃至神變無礙하야 普利群生을 名之爲佛이라하니라

牧牛子曰 若論修證頓漸인댄 義勢多端이어니와 [77] 撮其

---

76. 質礙는 서로 걸리고 막힌다는 뜻이다. 즉, 물질을 이루는 기본 요소인 地水火風이 부처님 경지에서는 막힘 없이 융통하지만, 중생의 입장에서는 집착심으로 인해 안으로 마음에서 걸리고, 밖으로 대상에 걸리고 막히게 된다.

77. 義勢多端은 修證이 돈점을 논한다면 다양한 각도에서 여러 가지로 논할 수 있다는 말이다. 그 가운데 圭峰스님의 七對頓漸說과 澄觀스님의 七對頓漸說 등이 있다.

78. 貞元疏는 唐나라 澄觀이 저술한 『貞元新譯華嚴經疏』10권을 말한다. 40권 『華嚴經』의 綱要를 풀어서 그 文義를 해석한 것이다.

樞要컨댄 不出此錄中에 頓悟漸修耳니라 審諸師所說
컨댄 分列名義가 開合不同하니 且如貞元疏에 云第五
辨修證淺深者는 然이나 一經之內上下諸文에 皆明
修證이어니와 恐文浩博하야 復撮其要하노라 自大師法眼
이 晦迹雙林으로 諸聖傳燈하사 明明不絶하야 以聖敎로
爲龜鑑하고 以心契로 爲冥符일새 故로 曰以心傳心이요
不在文字라하니 苟領文繫之表면 復何患於文哉리오

審此文意컨댄 依華嚴一經修證하야 心若冥符하면 同
禪門見性之旨니라 此下廣明호리니 切須審詳이어다

自一味汨亂하야 南北分流로 於能詮所詮에 成定慧兩
學하나니 慧學者는 復分性相하고 定學者는 有頓漸不同하

---

79. 一經은 『華嚴經』을 가리킨다.
80. 南北分流는 西乾弟子 23조인 獅子尊者가 王難으로 인해 禪은 남천축으로, 敎는 북천축
으로 전해졌음을 가리키는 말이다.
81. 能詮所詮의 能詮은 능히 나타내는 것이므로 말하려는 뜻을 나타내는 經文의 문구나 언
어를 가리킨다. 所詮은 나타낼 바이므로 경문을 통해서 나타내는 文句의 속뜻을 가리
킨다.

니 性相二學은 會釋如前이어니와 頓漸不同을 今當略說호리라 說漸者는 則看心修淨하고 方便通經이니 或頓悟漸修와 或漸修頓悟요 說頓者는 直指心體니 或頓毀語言과 或頓悟頓修와 或無修無悟니 雖此不同이나 竝欲識心하야 俱期見理니라

　　頓漸分屬이 有異하니 後當會釋호리라

然이나 其所悟에 或言心體離念하며 本性淸淨하야 不生不滅은 多約漸也요 或云無住空寂하야 眞知絕相이라하며 或卽心卽佛과 非心非佛은 多屬頓門하니라 然이나 皆不離心之性相이라 竝可通用이니라 若明能悟인댄 入法千門이나 不離定慧故니 何者오 夫心猶水火라 澄之聚之면 其用이 卽全하고 攪之散之면 其用이 卽薄이니 故로 波搖影碎하고 水濁影昏이라 淸明止澄이라사 巨細斯鑑하나니 無定無慧면 是狂是愚요 偏修一門이면 是漸是近이어니와 若竝運雙寂하면 方爲正門하야 成兩足尊하리니 非此면

不可니라 若言不起心으로 爲修道는 定爲門也요 若云看
心觀心과 求心融心은 慧爲門也며 若云無念無修와 拂
迹顯理는 定爲門也요 若云知心空寂하며 知見無念은
慧爲門也요 若云寂照와 或知無念은 則雙明定慧也며
若云揚眉瞪目이 皆稱爲道는 卽此名修니 此通二義하
니 一은 令知其觸目爲道는 卽慧門也요 二는 令心無所
當은 卽定門也라 餘可類知니 不出定慧니라

牧牛子가 每恨講師不學禪法이러니 及看澄觀所撰貞
元疏라가 至辨修證門하야 喜其合明禪旨故로 錄之于
此하노라 其中에 所悟心之性相과 能悟定慧二門은 非此
錄中에 對辨要急之義어니와 然이나 恐學敎人이 只以此
文所明全收禪法故로 略辨得失하야 令生正信爾로라
就能悟門하야 明定慧에 卽云心猶水火라 澄之聚之等
은 此是佛祖因地法行之大意也나 然이나 禪門엔 以有

82

---

82. 因地法行의 因地는 수행하는 지위를 뜻하며, 法行은 여법하게 수행하는 것을 말한다.

能悟所悟修治之門_{으로} 屬於漸宗離垢定慧_{하고} 以心
地無癡無亂_{하야} 離能所觀_{으로} 名頓宗自性定慧_{라하니}
行相_이 有異_라 辨明修之_가 卽其宜矣_{니라}

又引禪門無念無修拂迹顯理等_{하야} 屬於定門_{하고} 看
心觀心等_은 名慧門_{이라하고} 或寂照_와 或知無念等_은 爲
雙明也_{라하나} 然_{이나} 禪門_은 唯北宗定慧_가 有漸次先後
之義_{어니와} 頓宗_엔 全無單修之相_{이온} 況拂迹顯理之門_에
何有定慧之名迹耶_{리오} 清凉_도 非不知_{언마는} 且以言迹_으
_로 分之_{하야} 令汎學輩_로 知修行_이 不出定慧爾_{니라} 夫心
有法義之殊_{하니} 宗師_가 據法離言_{하야} 以無迹之言_{으로}
令人破執現宗_{하나니} 是謂迹絶於意地_요 理現於心源
矣_라 學者_가 因師激發_{하야} 頓悟一法_{하면} 則心之義用_이

---

83. 法義에서 '法'은 내세우는 주제, '義'는 주제가 가지고 있는 차별적 내용이며, 또 '法'은
설명되어질 宗趣인 法體이고(所詮), '義'는 宗趣의 이치가 나타나도록 설명한 내용이다
(能詮). 法義에 대한 『大乘起信論』의 설명은 미주 제36항 참조.
84. 意地의 意는 第六意識을 말한다. 意識이 一身을 지배하고, 또한 만사를 발생하므로 地
라고 표현한 것이다.
85. 緣慮는 마음이 경계에 攀緣하여 사물의 시비를 분별하고 생각하는 것을 말한다.

自然現發하리니 故로 於破執現宗門엔 無是定是慧隨義之說也니라 至定慧雙明門하야는 但云寂照라하며 或知無念等라하니 故로 修心者가 依此難爲趣入矣일새 今略伸而明之호리라

且漸宗觀心門은 先以寂寂으로 治於緣慮하고 後以惺惺으로 治於昏住하나니 雖有先後나 亦須惺寂等持며 雖有等持나 但是取靜爲行爾니라 曹溪云 吾說一切法이 不離自性하니 離體說法하면 迷却汝性하리라 吾는 心地無非自性戒요 心地無癡自性慧요 心地無亂이 自性定이니 學道之人은 作意하야 莫言先定發慧하고 先慧發定이어다 作此見者는 法有二相이라하시며 又云自悟修行은 不在於諍이니 若諍先後면 卽是迷人이라 不斷勝負하야 却生法我하야 不離四相이라하시니 故知漸宗은 雖云惺寂

---

86. 昏住는 아무 생각 없이 흐리멍덩하게 앉아 있는 것이다.
87. 曹溪는 六祖慧能을 말한다. 미주 제37항 참조.
88. 吾說一切法 不離自性에 대해서는 미주 제38항 참조.
89. 法我는 人我에 대한 대응어로서, 각종 법에 실체가 있다고 하는 法執을 말한다.

等持나 以二義屬功行門故로 有先後漸次하고 亦是取靜爲行故로 不離法愛人我之相이어니와 頓宗所修定慧[90]는 卽自性中二義라 無能所觀이니 但自悟修行故로 無先後요 無先後故로 無動靜이며 無動靜故로 無法我요 無法我故로 可謂稱眞之行矣니 如是修行하야사 方爲[91]正門하야 成兩足尊이니 非認名執相之流所見所行也니라

又引禪門揚眉瞪目之作用하야 云此通定慧二義라하니 若約功行門義用하야 言之인댄 定慧는 是諸聖修因之大意며 經論之通宗이나 然이나 禪門達者揚眉瞬目現道之作은 本非義理所傳이니 是達士相逢에 文外相見하야 以心傳心之作用也니라 故로 先德이 云妙旨迅速하니 言說來遲로다 纔隨語會면 迷却神機리라 揚眉當問커든 對面熙怡하나니 是何境界오 同道方知라하니 據此而論컨[92]

---

90. 法愛는 이미 얻은 것을 최선의 법이라고 해서 그것에 집착하는 것이다.
91. 妙旨迅速으로부터 是何境界同道方知까지의 전거에 대해서는 미주 제40항 참조.

댄 若於達人相見에 不知敎外傳心之旨하고 說是定是

慧則豈非令他로 墮於義用하야 迷却神機耶리오 淸凉이

非不知此旨언마는 且引迷宗失旨者하야 令專修定慧爾

니라

禪門에 又有修定慧外에 無心合道門하니 略錄于此하야

令學敎者로 知格外一門하야 發正信爾로니 如宗鏡錄에

云如前所述安心之門하야 直下相應은 無先定慧니라[93]

先明定慧하고 後現無心호리라

定是自心之體요 慧是自心之用이니 定卽慧故로 體不

離用이요 慧卽定故로 用不離體니 雙遮則俱泯이요 雙照

則俱存이라 體用相成하며 遮照無礙라 此定慧二門은 修

---

92. 稱眞之行의 전거에 대해서는 미주 제39항 참조.

93. 『宗鏡錄』은 永明延壽(904~976)의 저술로 모두 100권이다. 心鏡錄 또는 宗鑑錄이라고
도 한다. 敎禪 일치의 입장에서 諸宗의 교의를 체계화한 일대 불교 汎論이다. 標宗章·
問答章·引證章의 3장으로 구성되어 있으며, 먼저 一心의 體를 세워 心外無法觸目是道
의 이치를 밝히고, 계속해서 문답 형식으로 그 이치에 悟入하는 방편을 보이면서 경론
의 말을 인용하여 논지를 증명하였다.

行之要니 佛祖大旨며 經論同詮이어니와 今依祖敎하야 更有一門호대 最爲省要니 所謂無心이라[94] 何者오 若有心하면 則不安이요 無心이면 則自樂이니 故로 先德이 偈云 莫與心爲伴하라[95] 無心心自安하리라 若將心作伴하면 動卽被心謾이라하니 所以로 阿難은 執有而無據하야 七處茫然하고[96] 二祖는 體無而自安하야 言下에 成道하니 若不直了無心之旨하면 雖然對治折伏이나 其不安之相이 常現在前이어니와 若了無心하야 觸途無滯하면 絶一塵而作對어니 何勞遣蕩之功이며 無一念而生情이라 不假忘緣之力이라하시니[97] 以是當知하라 祖宗無心合道者는 不爲定慧所拘也니라 何者오 定學者는 稱理攝散故로 有忘

---

94. 無心은 아무런 생각이 없는 것을 뜻하는 것이 아니라, 망령된 생각을 모두 여읜 眞心이기에 無心이라고 한다.

95. 如前所述安心之門으로부터 動卽被心謾까지는 『宗鏡錄』 제45권(大正藏 48, 679下~680上)의 내용이다.

96. 阿難執有而無據 七處茫然은 『楞嚴經』 권제1(大正藏 19, 106中~108下)에 나온 내용을 말한 것으로, 부처님께서 아난에게 마음이 어디에 있느냐고 묻자, 아난이 七處로 대답하였는데 부처님이 다 틀렸다고 논파하시는 서론 부분이다.
7처란 ①在內, ②在外, ③潛根內, ④藏暗, ⑤隨合, ⑥中間, ⑦無着을 말한다.

97. 所以阿難으로부터 不仮忘緣之力까지는 『宗鏡錄』 제45권(大正藏 48, 680中)의 내용이다.

緣之力이요 慧學者는 擇法觀空故로 有遣蕩之功이어니와

今直了無心하야 觸途無滯者는 以無障礙解脫智現前

故로 一塵一念이 俱非外來며 俱非別事어니 何有枉費

功力耶리오 自性定慧도 尙有滯於義用之迹이온 況離

垢門이 何詣於此哉리오 故로 石頭和尙이 云吾之法門
98

은 先佛傳授라 不論禪定精進이요 唯達佛之知見이 是
99

也니라 此無心合道가 亦是徑截門得入也니 其看話下

語가 方便妙密이라 不可具陳이니 但罕遇知音耳로다 此

下는 正是所辨悟修頓漸義也라

疏에 云若明悟相인댄 不出二種하니 一者는 解悟니 謂明
100

了性相이요 二者는 證悟니 謂心造玄極이니라 若明頓漸

者인댄 乃有多門하니

若云頓悟漸修는 此約解悟니 謂豁了心性하고 後漸修
101

---

98. 石頭는 石頭希遷을 가리킨다. 미주 제41항 참조.
99. 吾之法門으로부터 唯達佛之知見까지의 전거는 미주 제42항 참조.
100. 疏는 貞元疏를 말한다.
101. 此約解悟에 대해서는 미주 제43항 참조.

學하야 令其契合이니 卽悟如日照에 頓朗萬法이요 修如拂鏡에 漸瑩漸明이니라

若云漸修頓悟는 謂初는 攝境唯心이요 次는 觀心本淨이요 後는 心境이 雙寂하야 瞥起不生하야 前後際斷이니 湛猶停海요 廣若虛空하니 此는 約證名悟니 卽修如瑩鏡이요 悟似鏡明이니라

若云漸修漸悟는 亦是證悟니 卽修之與悟가 竝如登臺하야 足履漸高하면 所鑑이 漸遠이니라[102]

若云頓悟頓修는 此通三義하니 若先悟後修는 謂廓然頓了를 名之爲悟요 不看不澄하고 不收不攝하야 曠然合道를 名之爲修니 此卽解悟라 以定爲門하니 亦猶不拂不瑩호대 而鏡自明이니라

若云先修後悟는 謂依前而修라가 忽見心性을 名之爲悟니 此爲證悟라 卽修如服藥이요 悟如病除니라

---

102. 漸遠에 대해서는 미주 제45항 참조

若云修悟一時는 謂無心忘照하야 任運寂知라 則定慧

雙運이니 如明鏡이 無心호대 頓照萬像하니 則悟通解證이

니라

又曰 若云本具一切佛德을 名之爲悟요 一念具足十

度萬行을 名之爲修니 卽修는 如飮大海水요 悟는 如得

百川味하니 亦通解證하니라

此上所載는 清凉所明修證頓漸義者니 頓漸二門이

各有三義하니 解釋如前이어니와 但其中에 頓悟漸修가

與此錄中所立으로 名目은 全同이나 而義勢全別하니 何

者오 清凉은 以悟從修하야 立於漸門하고 圭峰은 以修從

悟하야 立於頓門하니 各有旨趣라 兩不相妨이니라 然이나

悟若徹悟인댄 豈滯於漸修며 修若眞修인댄 豈離於頓

悟리오 以是知之인댄 離文取義하야 不滯名言이 斯爲要

---

103. 十度는 布施, 持戒, 忍辱, 精進, 禪定, 智慧, 方便, 願, 力, 智이다.
104. 各有三義란 漸에는 頓悟漸修, 漸修頓悟, 漸修漸悟의 세 가지 뜻이 있고, 頓에 頓悟頓修, 頓修頓悟, 修悟一時의 세 가지 뜻이 있음을 말한다.

矣_{로다} 淸凉_이 取頓宗頓悟之名_{하야} 立於漸門者_는 非漸
修功熟之頓悟_며 亦非從凡機發之頓悟_라 但信解煩
惱心中_에 本有覺性_이 如鏡有明性_{하야} 決定無疑_를 名
爲解悟_니 若不如斯_면 淸凉_이 豈以眞實悟解煩惱本
空者_로 屬於漸門_{하고} 而更言修如拂鏡_{하야} 漸瑩漸明
耶_{리오}

圭峰_이 取漸宗漸修之言_{하야} 屬於頓門者_는 且非見有
煩惱可斷之漸修_며 又非但取無念修功不頓畢_{하야} 且
言漸修_니 此門旨趣甚深_{하니} 如上錄中所明_{이어니와} 然_이
니 圭峰_은 於禪源集中_에 又明頓悟漸修_{하니} 其義甚詳_하
니라 如云若頓悟自心_이 本來淸淨_{하야} 元無煩惱_며 無漏
智性_이 本自具足_{하니} 此心_이 卽佛_{이라} 畢竟無異_{하야} 依
此而修者_는 是最上乘禪_{이며} 亦名如來淸淨禪_{이며} 亦
名一行三昧_며 亦名眞如三昧_니 此是一切三昧根本
¹⁰⁵ ¹⁰⁶

---

105. 一行三昧는 行·住·坐·臥에 항상 眞心을 잃지 않는 삼매다. 미주 제45항 참조.
106. 眞如三昧는 眞如의 경계에 머무는 삼매로서 마음을 고요히 하고 眞如無相의 진리를

이라 若能念念修習하면 自然漸得百千三昧하리니 達摩
門下에 展轉相傳者가 是此禪也라하니
₁₀₇

今禪者는 不審此文始終之義하고 據本無煩惱하야 不
立修證하고 但妄推古人所行이라하고 返墮人人無分
之失하나니 全爲不究悟修二義가 似反而符故也니라

據此文義하야 深細思之컨댄 悟後修門이 有二義하니 初
依此而修下는 是依自心本無煩惱之義하야 不看不澄
하야 曠然合道하야 任運修也니 是謂根本一行三昧며 亦
是淸凉所立頓修也요 次若能念念下는 從根本三昧하
야 任運寂知하야 衆行이 爰起故로 悲願相資하야 念念修
₁₀₈
習하야 百千三昧와 身智通光이 漸漸自在하야 普利群生
₁₀₉
이 同盧舍那佛이니 錄中所立漸修가 正謂是也라 此是
₁₁₀

관하여 망념과 미혹을 없애는 선정이다. 一行三昧라고도 한다. 미주 제46항 참조.
107. 若頓悟自心부터 是此禪也까지는 『禪源諸詮集都序』(大正藏 48, 399中)에 나온 말이다.
108. 任運寂知 衆行爰起故의 전거에 대해서는 미주 제47항 참조.
109. 身智通光은 十身, 十智, 十通, 三光의 준말이다. 미주 48항 참조.

圓漸_{이요} 非漸圓也_니 以不離本所悟自心眞法界之圓
修故_며 不離無念修之辦事修故_니 非但禪源所明_{이라}
錄中_{에도} 亦有二修之義_{하니} 如荷澤宗云 若遇善友開
示_{하야} 頓悟空寂之知_{하면} 知且無念無形_{커니} 誰爲我相
人相_{이리오} 覺諸相空_{하면} 心自無念_{이어니와} 念起卽覺_{호리니}
覺之卽無_니 修行妙門_이 唯在此也_{라하니} ^{但體達之無요 非斷滅之無라} 此正
是悟後無念修也_{니라}

又云雖備修萬行_{이나} 唯以無念爲宗_{이니} 但得無念則
愛惡自然淡薄_{하고} 悲智自然增明_{하며} 乃至應用無窮
을 名之爲佛_{이라하니} 此正是不離根本一行三昧_{하고} 自
然漸得百千三昧_{하야} 廣度群品之意也_라 故知頓悟
漸修는 名字雖同_{이나} 二師所立頓漸은 逈異_{로다}

---

110. 盧舍那佛은 性宗에서는 比盧遮那佛의 준말로서 光明遍照라 번역하며, 法身佛을 말한
다. 法相宗에서는 淨滿이라 번역하며 報身佛이라 한다.

111. 若得善友開示로부터 名之爲佛까지는 『禪源諸詮集都序』(大正藏 48, 403上)에 나온
말이다.

112. 性具門은 性具는 體具, 理具라고도 한다. 이것은 말 그대로 현상세계 하나하나마다
眞如自性의 理體를 본래 모두 갖추고 있다는 眞理의 本體界 입장을 가리킨다.

若約性具門인댄 初悟時에 十度萬行이 一念具足하야
度生已周어니와 若現行門인댄 豈無生熟이리오 諸方이
皆云功未齊於諸聖이 是也라

又疏中에 明頓悟頓修하니 此中所謂頓修者는 以不
看不澄曠然合道로 爲修니 故로 圭峰所立先悟後修
二義中에 根本無念修也라 意以推求컨댄 如前所明
三義中에 第三無心忘照任運寂知者가 具無念辦事
二修之義어니와 然이나 頓修辦事는 隱而不現也로다

疏中에 又曰若云本具一切佛德을 名之爲悟요 一念具
足十度萬行을 名之爲修니 亦通解證이라하니 此中所明
辦事가 有二義하니 若約解悟인댄 是性具門이라 非功行
頓畢也요 約證悟인댄 則始是現行門頓修辦事也로다 圭

---

113. 現行門은 阿賴耶識이 현상세계인 우주의 삼라만상을 일으킨다는 견해로, 현실의 현상
　　세계 입장을 가리킨다.
114. 諸方皆云功未齊於諸聖에 대한 전거는 미주 제49항 참조.
115. 三義는 앞에 말한 頓悟頓修, 先修後悟, 修悟一時를 말한다.

峰도 非唯明悟後漸修라 亦有頓悟頓修門辦事頓畢

之說이어니와 頓悟頓修
後當更明 然이나 判云此是多生漸熏發現也라하니

約佛敎則是華嚴化儀頓所被緣熟菩薩之類라 非今

所尙也요 今之所尙頓悟漸修者는 約敎인댄 是逐機頓

所被凡夫上根利智所行也니 此下에 略引明證하야 令

初心者로 知其綱要하고 發正信心하야 速證菩提케호리라

如禪源集에 云但以世尊說敎儀式이 不同하사 有稱

理頓說하며 有隨機漸說일새 故로 復名頓敎漸敎니 漸

者는 爲中下根하사 說人天小乘과 阿含等經
婆娑等論 乃至法相

解深密等經瑜
伽唯識等論 破相하사 諸部般若經
中百門等論 待其根器成熟하고사 方爲

說於了義하시니 卽法華涅槃經等이 是也라 頓者復二

니 一은 逐機頓이요 二는 化儀頓이라 一逐機頓者는 遇

凡夫上根利智하사 直示眞法이어든 聞卽頓悟하야 全

同佛果니 如華嚴中初發心時에 卽得阿耨菩提와 圓

覺中觀行에 卽成佛道어니와 然이나 始同前漸敎中行

門하야 漸除凡習하고 漸現聖德이 如風激大海에 不能

現像이라가
116

始同前漸者는 此圓頓中에도 亦有先修漸行이라가 而
廻心頓悟者하니 故로 若摠如文하야 漸除漸現然後에
頓悟則宛是漸教中功熟證悟之者리니 何言華嚴圓
覺所被先悟後修上根凡夫耶리오　當知此教正爲
之機는 非前中下며 非後根熟菩薩也니라

風若頓息하면 卽波浪이 漸停하고 影像이 現也니 卽華嚴
一分과 華嚴具二頓 及圓覺佛頂密嚴如來藏等經이 是也니
攝二根故
遇機卽說이라 不定初後요 二化儀頓者는 謂佛初成道
하사　爲宿世緣熟上根之流하사　一時頓說性相事理와
衆生萬惑과 菩薩萬行과 賢聖地位와 諸佛萬德하시니 因
該果海라 初心이 卽得菩提요 果徹因源이라 位滿에 猶
117

---

116. 但以世尊으로부터 不能現像까지는 『禪源諸詮集都序』에 나온 내용을 발췌한 것이다.
　　원문은 미주 제50항 참조.
117. 果海는 佛果의 德이 넓고 큰 것을 바다에 비유한 말이다.

稱菩薩이니 此唯華嚴一經과 及十地一論을 名爲頓敎요 餘皆不備니라 其中所說諸法은 是全一心之諸法이며 一心은 是全諸法之一心이라 性相이 圓融하고 一多自在故로 諸佛與衆生이 交徹하며 淨土與穢土가 融通하야 法法이 皆彼此互收하고 塵塵이 悉包含世界라 相入相卽하야 無礙鎔融하야 具十玄門하야 重重無盡을 名爲無障
[118]
礙法界라하니라
[119]

今時人이 聞自心自性하면 以爲淺近이라하고 聞無障礙法界하면 以爲深遠이라하나니 不知自心이 是法界之都며 生佛之源이로다 若能返照하야 情量이 盡則法界圓現矣어니와 秖恐不善用心하야 滯於寂靜爾로라
[120]

---

118. 十玄門은 十玄緣起無碍法門의 준말로서 화엄종의 중요한 敎義이다. 十은 滿數이니 圓融의 뜻이다. 십현문의 명칭을 나열하면 다음과 같다.
①同時具足相應門, ②一多相容不同門, ③諸法相卽自在門, ④因陀羅網境界門,
⑤微細相容安立門, ⑥秘密隱顯俱成門, ⑦諸藏純雜具德門, ⑧十世隔法異成門,
⑨唯心回轉善成門, ⑩託事顯法生解門,
119. 風若頓息으로부터 名爲無障礙法界까지는 『禪源諸詮集都序』의 내용을 발췌한 것이다. 원문은 미주 제51항 참조.
120. 情量은 情識, 즉 마음을 가지고 思量 分別하는 범부의 妄念分別을 말한다.

華嚴錦冠에 云觀心釋건댄 大方廣佛華嚴經者는 若

約敎詮義인댄 則有多門이어니와 若不攝歸一心이면
　　　121

於我에 何預리오 夫言大者는 卽是心體니 心體無邊

故로 名爲大요 方是心相이니 心具德相之法故요 廣

是心用이니 心有稱體之用이며 佛是心果니 心解脫

處를 名佛이요 華是心因이니 心所引行을 喩之以華

요 嚴是心功이니 心能善巧嚴飾을 目之爲嚴이요 經

是心敎니 心起名言하야 詮現此理일새 故名爲經이라

然이나 心之一字가 雖非一切나 能爲一切니라 觀者는

以三大中에 具四法界하니 對彼四界일새 故成四觀
　　122　　　　　123

이니 法本如是故로 依法而觀이어니와 若依此悟解하면

念念이 卽華嚴法界며 念念이 卽毘盧遮那法界也라
　　　　　　　　　　　　　　　　　　124

---

121. 詮義는 자세히 설명하여 뜻을 밝히는 것이다.

122. 三大는 體大, 相大, 用大를 말한다. 한 물건의 본체와 속성과 작용이 절대(絶大)라는
　　뜻이다. 『起信論』의 삼대에 대해서는 미주 제52항 참조.

123. 四法界는 화엄종의 우주관이다. 전 우주는 一心으로 일괄할 수 있지만 이것을 現象과
　　本體로 보면 事法界, 理法界, 理事無礙法界, 事事無礙法界가 있다. 미주 제53항 참조.

124. 華嚴錦冠으로부터 念念卽是毘盧遮那法界也까지는 『宗鏡錄』 제100권(大正藏 48, 953

하시니　此釋이　甚詳하니라　就心之義用하야　說爲四法

界나　其實은　一眞法界爾니　若將心作四觀하면　終不

相應하리라　清涼心要牋에　不云乎아　唯忘懷虛朗하야

消息冲融이　其猶透水月華라　虛而可見이요　無心鑑

像이라　照而常空矣라하시며　天台三觀門에　亦云說卽
　　　　　　　　125　　　　　　　　　126

有三名字나　照時에　不作三一解니　只念念에　見自

心性하면　任運非三非一也라하니　迷者는　不辨說門
　　　　　　　　　127

觀門之相하고　逐言教義理하야　運無限思想하야　以謂

觀心이라하나니　惑矣로다

此上頓漸은　皆就佛約教而說이어니와　若就機하야　約悟

修說者인댄　意又不同하니

有云先因漸修功成하야　而豁然頓悟는　如伐木에　片片

中)에 나온 내용이다.

125. 唯忘懷虛朗으로부터 照而常空矣까지는 『景德傳燈錄』 제30권(大正藏 51, 459下)에 나
온 말이다.

126. 三觀은 천태지의가 수립한 천태종의 대표적 수행체계다. 미주 제54항 참조.

127. 說卽有三名字로부터 任運非三非一也까지의 전거는 미주 제55항 참조.

漸研이라가 一時頓倒요 有云因頓修而漸悟는 如人이 學射에 頓者는 箭箭注意在的이요 漸者는 久久方中이니 此說運心頓修요 不言功行頓畢이니라

疏中엔 無此門也니 雖曰頓修나 非頓機가 明矣로다

有云漸修漸悟^{喩如疏明} 等者는 皆說證悟也니라 有云先須頓悟코사 方可漸修者는 此約解言也니 約斷障說인댄 如日頓出에 霜露漸消요 約成德說인댄 如孩子頓生에 志氣漸立이니 故로 華嚴에 說初發心時에 卽成正覺然後에 三賢十聖을 次第修證이니 若未悟而修면 非眞修也라하니라¹²⁹

今時에 有云圓敎十信에도 須經十千劫修하야사 入發心住라하니라 然이나 審華嚴論所說컨댄 如三乘中에 修

---

128. 三賢十聖의 삼현은 보살 수행의 지위인 十住, 十行, 十回向의 位에 있는 보살을 말한다. 十聖은 52위 가운데 42위부터 52위까지의 十地의 보살을 가리킨다. 각각의 명칭에 대해서는 미주 제56항 참조.
129. 有云先因漸修功成으로부터 非眞修也까지는 『宗鏡錄』 제36권에 나온 내용이다. 미주 제57항 참조.

十信心을 經十千劫이어니와 此敎中은 爲以根本智佛

法界로 以爲敎體故로 但以才堪見實이면 卽得不論

劫量也 라하야늘 今時敎學者가 不見此論故로 聞上根
131

凡夫悟入處가 是住初發心하면 則拊掌大笑로다 又

錄中에 云悟後에 入十信初位라하고 而此集엔 引住初

發心하니 似有違焉이나 然이나 解有識解智解하니 深

淺이 有異하며 昇降이 不同故로 不違也니라 又依華嚴

論所說컨댄 信初에 明三覺義는 是解悟요 住初入位는

明證悟어늘 此禪源集과 與論所明이 入位는 同是住

初로대 而解證有異는 何耶오 然이나 如前所明華嚴敎

에 具二頓所被二機故로 悟通解證이요 修通漸頓이니

故로 二說이 就機有異나 而住位는 一也니라 今且約

圓頓信解者하야 言之爾어니와 若敎外別傳者인댄 不
132

---

130. 發心住는 十信의 從假入空觀의 관법이 완성되어 眞無漏智를 내고 안주하는 지위를
말한다.

131. 如三乘中으로부터 卽得不論劫量也까지는 『新華嚴經論』 제15권, 「光明覺品」 제9(大正
藏 36, 819中)에 나온 말이다.

在此限하나라

有云頓悟頓修者는 此說上上智니 根性^{根勝故悟} 樂欲이^{欲勝故修}

俱勝하야 一聞千悟하고 得大摠持하야 一念不生하고 前

後際斷이니 此人三業은 唯獨自明了요 餘人所不及이니

라 斷障은 如斬一䌇絲에 萬條頓斷이요 修德은 如染一

䌇絲에 萬條頓色이니라 荷澤이 云一念이 與本性相應하면

八萬波羅密行을 一時齊用也₁₃₃라하니 且取事迹而言之인

댄 如牛頭融大師之類也₁₃₄니라

旣云此人三業은 餘人不知라하니 豈以人情으로 度量

優劣耶리오

---

132. 圓頓信解의 圓頓은 行位에 나아가 깨달음을 말한 것으로 『華嚴經』에 初發心時에 便
成正覺이라 하고, 『涅槃經』에 初心과 究竟이 다름없다고 한 것 등을 말한다. 信解는
부처님 설법을 듣고 믿어 이해하여 깨달아 아는 것이다.
133. 荷澤云으로부터 一時齊用까지는 『宗鏡錄』 제36권에 나온 내용이다. 원본은 미주 제
58항 참조.
134. 有云頓悟頓修者로부터 如牛頭融大師之類也까지는 『禪源諸詮集都序』(大正藏 48, 407
下~408上)에 나온 내용이다.

此門에 有二意하니 若因悟而修는 卽是解悟요 若因修
而悟는 卽是證悟라 然이나 上은 皆約今生而論이어니와 若
遠推宿世인댄 唯漸無頓이니 今見頓者는 已是多生에 漸
熏而發現也라하니

此上은 禪源集所明頓悟頓修가 與前疏意로 有同有
異하니 異者는 此集은 以事智現前하야 圓得百千三昧로
爲頓修요 疏中엔 以理智現前하야 得一行三昧로 爲頓
修故也요 同者는 疏中頓門三義外에 又明一念具足
十度萬行이 是也라 然이나 一念具足은 是性具門이니 眞
正解悟者도 亦行之而功行이 未圓이니 如云以知法性
無慳貪故로 隨順修行檀波羅密等이 是也라 荷澤所謂
一時齊用은 是現行門也니 旣云修德은 如染一綟絲라
하니 何功行之未畢耶리오 故로 二師所說頓修辦事가 同
而稍異爾니라

圭峰이 雖明根熟之流修悟一時나 然이나 此門有二下
는 明此頓悟頓修門에 亦有解悟後頓修와 頓修後證

悟等二意也니 就此先後之意컨댄 不無說焉하니 若取

不看不澄不汚染하야 爲頓修하야 說前後인댄 則如淸凉

所立三義也니 此亦參禪者가 依本淨門하야 熏習悟修

先後之要節也라 故로 今叢林間에 盛論本無煩惱保任

之門하나니라 然이나 圭峰은 以不汚染無念修로 爲頓悟漸

修之源하고 以無念辦事一時頓具로 立爲頓修也니 推

此而論컨댄 權敎初地에 雖是證悟나 後後修鍊差別智
135

猶難이온 況解悟者가 解礙未忘이어니 何得言事智頓成
136

이리오 然이나 前漸門中에도 亦以圖度運心하야 立頓修之

名하니 就解悟後하야 豈無此意리오 以實言之컨댄 是前

上根凡夫悟後漸修門頓意也니라

頓修後證悟者는 頓修辦事가 悟後猶難이온 況悟前에

豈有之耶리오 然이나 取運心頓하야 立之爾니 推其源則

---

135. 權敎初地는 三乘에 공통하는 十地 가운데 初地인 乾慧地를 말한다. 건혜지란 有漏의
지혜로서 겨우 三毒에 젖은 습성이 다했을 뿐, 아직도 참된 덕을 갖추지 못했으므로
그 효용을 볼 수 없는 것이다. 즉, 지혜는 있으나 아직 궁극의 진리에는 도달해 있지
못하기 때문에 붙여진 이름이다.

136. 解礙는 알았다는 생각에 걸려 있는 것을 말한다.

是前根熟之流悟前漸熏中頓意也로다 然이나 此頓悟

頓修門先後意者는 以淸涼所立不汚染修로 言之則

若合符節이요 以圭峰所立辦事修로 言之인댄 未容無

說이로다 但以意求之컨댄 以遣學者先後斷常之見爾니라

故로 壽禪師가 亦引此門判之호대 但屬於根熟者之所

行이라 非其普被凡夫라하니 故로 不如爲今時大心凡夫

하야 立頓悟漸修門也로다 其漸修頓悟와 頓修漸悟와 漸

修漸悟等은 是漸機所行이라 非今所辨也니라

又末後摠判門에 若推宿世인댄 唯漸無頓之說이 不無

疑焉이로다 何者오 若依此文하야 如言取意인댄 則過去엔

唯有漸敎漸熏故로 今生에 頓入之者가 皆是權敎漸

修功熟廻心之機라 永無從具縛地하야 直進機也로다
137

如此則權敎所明三賢十地를 一一歷修然後에 成佛
138

---

137. 具縛地의 具縛은 끈을 갖고 있다는 말이므로, 번뇌에 몸과 마음이 속박되어 자유롭지
     못한 것을 뜻한다. 地는 지위의 뜻이므로 번뇌에 묶여 있는 상태를 뜻한다. 즉, 번뇌
     에 묶인 凡人, '具縛凡夫'라는 말이다.
138. 權敎는 대승의 가르침에 들어가기 위한 방편으로써 부처님이 중생의 근기에 맞추어

者는 機敎相應故로 漸修頓悟等은 是乃眞實이요 而華

嚴所明初發心時에 便成正覺然後에 歷修階位者는 有

敎無機故로 頓悟漸修는 返爲虛矣어늘 何故로 圭峰이

自言若知頓悟漸修兩門하면 得見一切賢聖之軌轍耶

아 非但如此라 曉公法師가 亦有彌陀證性偈에 深明
  139

往古諸佛先悟後修之門하니 而今盛行于世니라 如云

乃往過去久遠世에 有一高士號法藏이라 初發無上菩

提心하야 出俗入道破諸相하시니 雖知一心無二相이나

而愍群生沒苦海하사 起六八大超誓願하야 具修淨業

離諸穢가 是也라
  140

설하신 가르침을 말한다. 이러한 권교의 三賢十地는 원교의 그것과는 다르다.

권교의 3현은 다음과 같다.

① 五停心位인데, 이는 마음의 허물을 지키는 五蘊의 관법, 즉 不淨觀, 慈悲觀, 因緣
觀, 界分別觀, 數息觀을 말한다.

② 別相念住位는 四念處, 즉 身念處, 受念處, 心念處, 法念處의 네 가지를 말한다.

③ 總相念住位는 總相念處로 身, 受, 心, 法의 4境을 총합하여 苦, 空, 無常, 無我라 관
하는 것이다.

10지의 명칭은 다음과 같다.

乾慧地, 性地, 八人地, 見地, 縛地, 離垢地, 已辦地, 支佛地, 菩薩地, 佛地이다.

139. 曉公은 元曉 스님을 말한다. 원효 스님에 대해서는 미주 제59항 참조.

140. 乃往過去久遠世로부터 具修淨業離諸穢까지는 元曉 撰, 『彌陀證性偈』(韓佛全 1, 843

又金剛般若經_에 云如我昔爲歌利王割截身體_{러니} 我

於爾時_에 無我相無人相無衆生相無壽者相_{호니} 何以

故_오 我於往昔節節支解時_에 若有我相人相衆生相

壽者相_{이런들} 應生瞋恨_{이라하시니} 審此經文_{컨댄} 若無先悟
₁₄₁

心性_{하야} 得法空智_{하야} 離人我相者_면 何能於無量無
₁₄₂

數劫海_에 得如是難行能行_{하며} 難忍能忍耶_{리오} 今時迷

癡輩_는 不知此意_{하고} 先愁菩薩萬行之艱難_{하야} 作懸崖

之想_{하고} 而不能返照自心煩惱性空_{하야} 離於諸相_{하야}

行菩薩道_{하나니} 以故_로 但將聰慧_{하야} 滯於文義_{하야} 終

年竟歲_{토록} 數他珍寶_{하나니} 雖有善種_{이나} 與道懸遠矣_로
₁₄₃

다 故知先悟後修_는 非但今生一期得入之門_{이라} 是乃

下)에 나온 말이다. 원효의 『彌陀證性偈』는 이 글에서 단편을 유추하여 편집해 『韓國
佛教全書』에 수록하였다는 것을 "出於知訥撰法集別行錄節要並入私記"라는 註를 통
해 밝히고 있다.

141. 如我昔爲歌利王으로부터 應生瞋恨까지는 『金剛般若波羅蜜經』(大正藏 8, 750中)에 나
온다.

142. 法空智는 色心의 모든 법인 萬有는 모두 인연이 모여서 생기는 실답지 못한 존재로
실체가 없는 것이므로 만유의 體가 공한 줄 아는 지혜를 말한다.

143. 數他珍寶에 대해서는 미주 제60항 참조.

古今賢聖始終之行이니 通於三世矣며 亦是錄中에 圭
峰本意也어늘 而於禪源集에 言唯漸無頓은 何耶오
然이나 凡言頓漸이 有二義하니 或約信解門하며 或約功
行門하야 隨處異爾니 若約信解인댄 則現今에 性相宗
徒頓漸熏習이 有異나 俱期當來辦果하야 以例過去熏
習인댈 豈唯漸無頓耶리오 若約功行인댄 則根機利鈍이
不同하고 進修勤怠가 不等하며 發悟遲速이 有異故로 亦
有頓漸之名하니 　且約頓門根劣者하야 　言之則過去에
雖聞頓法하고 信解修行이나 然이나 障濃習重하며 觀劣心
浮故로 未能頓成하야 展轉流來라가 至於今生하야 聞卽
發悟할새 故로 云今見頓者는 已是多生에 漸熏發現也라
하니 非謂無頓法信解之熏이라 是功熏漸熟之謂也니라
所言今見頓者는 是牛頭融禪師와 會通侍者等이 生

---

144. 唯漸無頓과 관련된 『禪源諸詮集都序』의 원문은 미주 제61항 참조.
145. 性相宗은 性宗과 相宗을 말한다. 性宗에는 三論宗・天台宗・華嚴宗이 해당되고, 相宗
에는 法相宗이 해당된다.
146. 障濃習重 觀劣心浮와 관계된 『宗鏡錄』 원문은 미주 제62항 참조.
147. 今見頓者 已是多生 漸熏發現也는 『禪源諸詮集都序』(大正藏 48, 408上)에 나온 말이다.

來梵行成就者也니 且約現世此等人하야 驗知唯漸無

頓爾라 非關生來惡行과 及尋常人遇緣頓悟者也니

仔細審詳하야 勿以因緣道理로 起疑諍矣니라 今之所

論은 從具縛地하야 先悟後修者니 如石鞏和尙과 鄧隱

峰_{此二師皆曾
爲獵人也} 等이 平生作惡來者와 及今時學人等도 遇

緣開發者가 比比有之가 是也라 石鞏和尙이 見馬祖發

悟後에 牧牛行이 是悟後漸修也어늘 或有人이 據唯漸

無頓之說하야 曰此石鞏等도 亦久積淨業者로대 權現

且宿熏이 有二義하니 或有聞法發心하야 起行修來者하

惡行爾라하나니 作此說者는 胸臆所判이라 不可信也로다

며 或有供養三寶하야 植衆德本호대 而隨業昇沈者하니

---

148. 石鞏은 石鞏慧藏을 말한다. 『景德傳燈錄』 제6권, 「撫州石鞏慧藏禪師」(大正藏 51, 248 中)에 의하면 石鞏은 원래 사냥을 업으로 했는데, 어느 날 사슴을 쫓다가 마조스님을 만나 설법을 듣고는 그 자리에서 활을 버리고 출가하여 參學한 뒤 그의 법을 이어받았다. 撫州 석공산에 머물면서 그의 宗風을 널리 선양하였다.

149. 『宋高僧傳』 제21권, 「唐代州北臺山隱峰傳」(大正藏 50, 847上)에 의하면 鄧隱峰은 唐 나라 때 스님으로 馬祖道一스님과 함께 石頭希遷에게 參學하였다. 마조스님의 설법 끝에 깨달음을 얻어 그의 법을 이어받았다. 그 후 南泉普願·潙山靈祐와 교류했고, 겨울에는 衡嶽, 여름에는 淸凉에 머물렀다. 五臺山 金剛窟 앞에서 선 채로 입적하였다고 한다.

以此二義로 驗知컨댄 生來梵行異常者는 已從先世來

로 聞法發心하야 起行漸修力故요 生來造이라가 而遇緣

發悟者는 非是久積淨業이나 亦非無因而得이니 以有

夙植德本故라 所言夙植德本은 是有漏業이라 不同修
¹⁵⁰

眞之行이니 故로 不妨隨業昇沈하며 雖有昇沈이나 以有

德本故로 今聞大法하고 不妨發悟하며 雖有發悟나 不由

久修對治之功하니 以不由久修故로 豈無無明力大라
¹⁵¹

還同凡夫之習이며 以有發悟故로 豈無般若力大라 還

同諸佛之德이리오 以有此二力故로 念念熏修하면 自然

---

150. 有漏業의 有漏는 흘러나오거나 새어남이 있다는 뜻이다. 즉, 우리의 六根으로부터 번뇌가 끊임없이 새어 나온다는 것을 일컫는 말로 번뇌의 다른 이름이다. 여기서 有漏業이란 번뇌를 가진 상태에서 공덕을 지었다는 말이다.

151. 對治(pratipakṣa)는 道로서 번뇌를 끊는 것을 말한다. 이 경우에 道는 能對治고 번뇌는 所對治가 된다. 『俱舍論』제21권에 의하면 修所斷의 煩惱를 끊는데는 4種의 對治가 있는데, 順次로 加行道, 無間道, 解脫道, 勝進道의 4道가 이에 해당한다. 4종의 대치란 곧, ① 厭患對治 또는 厭壞對治라고도 한다. 무엇보다 먼저 欲界의 번뇌와 苦生에 얽힌 생존을 가장 싫어하는 것을 말한다. ② 斷對治는 苦, 集, 滅, 道의 四諦의 이치를 관하여 바로 번뇌를 끊는 것이다. ③ 持對治는 擇滅의 得을 보존하고 지녀서 잃지 않는 것이다. ④ 遠分對治는 四諦를 관하고 먼저 끊은 번뇌의 得을 다시 멀리하는 것이다.

有無功用中功用과 無漸次中漸次하니 故로 云先悟後
修는 不同漸宗對治之修라하니라

今言宿植德本例者컨댄 如大涅槃經에 云復次善男子
야 舍衛城中에 有婆羅門女호대 姓은 婆私吒라 唯有一子
하야 愛之甚重이러니 遇病命終커늘 爾時女人이 愁毒入心
일새 狂亂失性하야 裸形無恥하며 遊行四衢호대 啼哭失聲
하야 唱言子子야 汝何處去오하며 周遍城邑호대 無有疲已
러니 而是女人이 已於先佛에 植衆德本이라 善男子야 我
於是女에 起慈愍心호니 是時女人이 即得見我하고 便生
子想하야 還得本心하고 前抱我身하야 鳴呾我口어늘 我時
에 即告侍者阿難호대 汝可持衣하야 與是女人하라 既與
衣已하고 便爲種種說諸法要호니 是女聞法하고 歡喜踊
躍하야 發阿耨菩提라하시며 又憍薩羅國에 五百群賊이

---

152. 無功用의 공용은 身, 口, 意로 짓는 일체 동작을 말한다. 無功用이란 일을 하려고 미
리 마음속에 계획하거나 분별하는 일이 없게 자연의 흐름에 맡기는 것을 말한다.
153. 復次善男子로부터 發阿耨菩提까지는 40권『大般涅槃經』제16권,「梵行品」(大正藏 12,
458中)에 나오는 내용이다.

已於先佛에 植衆德本故로 見佛聞法하고 發菩提心이라하니 審此等因緣컨댄 雖於先佛에 植衆德本이나 而受女報하야 狂亂失性하며 或爲群賊하야 爲害滋甚이로다 雖受惡報나 以有德本故로 見佛聞法하고 開發覺心하니 不同尋常無因之者니라 以是當知하라 石鞏鄧隱峰等은 可言有德本爾언정 非久積淨業者也어늘 或言頓機도 宿有德本이라 亦是唯漸無頓者는 此人은 不辨世諦因緣과 及出世修證門하니 故로 豈可與語耶리오 又三世因緣之法은 是衆生이 於無作智中에 自心自誑하야 虛妄變起니 如是之論은 非爲佛法也니라

吾今要辨頓漸者는 只爲修心人이 不知自心이 是佛心이며 自性이 是法性하고 而甘處下劣하야 勞修漸行하야 日劫常倍故로 意欲扶現頓宗見性成佛之旨하야 令於生死長夜無明塵勞三界大夢之中에 不生退屈하며 不費功夫하야 勇猛覺悟하고 續佛壽命하야 窮劫蒙益耳어니 何用辨論三世因緣法耶리오 故知圭峰唯漸無頓之說

은 且約生來梵行異常者하야 驗知爾라 非謂惡行及尋

常人也니라 彼惡行者도 尙有遇緣開發이온 況今善行凡

夫는 宿世善根難測故어늘 何得自輕하야 而生退屈이리오

又若但以機之宿習生熟으로 論頓漸인댄 何有決擇佛

法之靈驗耶리오 故知修心人은 以佛祖誠實懇苦之說

로 決擇自心이 本來是佛이라 自性淸淨과 自性解脫然

後에 擺撥萬緣하고 專精保任하면 自然成就離垢淸淨과
                   154   155

離障解脫爾리라
     156

又閱萬善同歸集호니 引圭峰修證頓漸義하야 明之호대

令修心人으로 知自心知見之得失과 功行之生熟을 煥

然明白호대 而開合이 稍異耳니 如問上上根人도 頓悟

自心하고 還假萬行助道熏修不아 答이라 圭峰禪師가 有

---

154. 自性淸淨은 중생의 眞如心의 體性이 본래 청정하여 물들거나 거리낌이 없는 것을 말한다.

155. 自性解脫은 중생의 본성이 청정하여 번뇌에 속박되거나 오염되지 않는 것을 말한다.

156. 離垢淸淨과 離障解脫은 수행을 장애하는 번뇌를 모두 끊어 청정하고 자유로운 경지에 이르는 것을 말한다.

四句料簡_{하니} 一_은 漸修頓悟_요 二_는 頓修漸悟_요 三_은
₁₅₇
漸修漸悟_요 四_는 頓悟頓修_니 上四句_는 多約證悟_요 唯
₁₅₈
頓悟漸修_는 此約解悟_니 如日頓出_에 霜露漸銷_{니라} 華
₁₅₉
嚴經_에 說初發心時_에 便成正覺然後_에 登地_{하야} 次第
修證_{이니} 若未悟而修_는 非眞修也_{라하시니} 唯此頓悟漸
修_가 旣合佛乘_{하야} 不違圓旨_{로다} 如頓悟頓修_도 亦是多
生漸修_{라가} 今生頓熟_{이니} 此在當人時中自驗_{이니라} 若
所言_이 如所行_{하며} 所行_이 如所言_{하야} 量窮法界之邊_{하며}
心合虛空之理_{하면} 八風_이 不動_{하고} 三受寂然_{하야} 種現
₁₆₀ ₁₆₁ ₁₆₂

---

157 料簡은 義理를 분별하고 잘 가려서 해석한다는 뜻이다.

158. 問上上根人으로부터 多約證悟까지는 『萬善同歸集』에 나온 내용이다. 원문은 미주 제 63항 참조.

159. 頓悟漸修는 미주 제64항 참조

160. 八風은 八法이라고도 한다. 利, 衰, 毁(뒤에서 험담함), 譽(뒤에서 칭찬함), 稱(면전에 서 칭찬함), 譏(면전에서 비방함), 苦, 樂의 여덟 가지다. 이것들은 사람의 마음을 선 동하므로 風이라고 한다.

161. 三受는 세 가지 감각을 말한다. 樂, 苦, 不苦不樂을 감수하는 것이다. 곧, 樂受(바깥 경 계와 접촉하여 즐거움을 느낌), 苦受(바깥 경계와 접촉하여 몸과 마음에 받는 괴로 움), 不苦不樂(苦受와 樂受에 속하지 않는 느낌. 괴롭지도 즐겁지도 않는 느낌)을 말 한다.

162. 種現은 種子와 現行의 준말이다. 唯識宗에서는 賴耶緣起說의 견지에서 萬有의 物心現

이 雙消하고 根隨俱盡하리니 若約自利인댄 則何假萬行
163
熏修리오 無病이면 不應服藥이어니와 若約利他인댄 亦不
可廢니라 若不自作이면 爭勸他人이리오 故로 經에 云若自
持戒하야사 勸他持戒等이라하니라 如或現行未斷하며 煩惱
習氣又濃하야 寓目生情하야 觸塵成滯인댄 雖了無生之
義나 其力이 未充이니 不可執云我已了悟煩惱性空하니
若起心修면 却爲顚倒니라 然則煩惱性이 雖空이나 能令
受業이며 業果無性이나 亦作苦因이며 苦痛이 雖虛나 祗
麽難忍이니 故知言行이 相違면 虛實可驗이니라 但量根
力하야 不可自謾이니 察念防非하야 切須仔細어다하니
此上은 壽禪師所明頓漸意者니 取證悟門하야 束爲四

象은 阿賴耶識에서 발생하고 전개된다 해서 이것을 내는 마음의 세력이 아뢰야식 가
운데 갈무리되어 있다고 한다. 이러한 마음의 세력 또는 마음의 작용을 종자라고 한
다. 이 종자는 다시 아뢰야식의 본래 있는 本有種子와 여러 가지 새로이 짓는 일이 있
을 때마다 熏習하는 新熏種子 두 가지가 있다고 한다. 이러한 아뢰야식 가운데 있는
여러 종자가 표면적으로 발동하여 일체 만상을 개발하는 것을 현행이라고 한다.
163. 根隨는 근본번뇌와 수번뇌를 말한다. 근본번뇌는 모든 번뇌 가운데 그 근본이고 자체
인 육종의 번뇌, 貪·瞋·痴·慢·疑·惡見을 말한다. 수번뇌는 근본번뇌에 수반하여
일어나는 모든 번뇌를 말한다.

句하고 取解悟門하야 別立一句而稱讚之하니 與禪源集

所立으로 開合이 雖異나 而此錄中에 頓悟漸修之意가

到此하야 更生光焰이로다 何者오 錄에 云若得頓悟漸修하

면 見一切賢聖之軌轍이라하고 而壽禪師도 亦云唯此頓

悟漸修가 旣合佛乘하야 不違圓旨라하니 可謂本末이 相

符며 遠近이 相照矣로다 如頓悟頓修도 亦是多生漸修라

가 今生頓熟이온 況餘三句가 豈非漸機得入門耶리오

今之所論은 具縛地中에 先須頓悟者는 以法勝根勝

故니 法勝者는 非本法이 有勝劣이라 但令人으로 達妄卽

眞케하야 法門決擇이 妙密故니 錄中에 已明이』而更略

說호리라 如云珠所現色이 雖百千般이나 且取與明珠로

相違之黑色하야 以況靈明知見이 與黑闇無明으로 雖

相違나 而是一體호리라 故로 云貪嗔時에도 亦知며 慈濟

時에도 亦知로대 而知非貪嗔이며 知非慈濟等이라하니 以

性相體用과 隨緣不變이 元是一時라 存泯無碍故요 根

勝者는 聞此妙法하고 有忽悟心性本淨과 煩惱本空者

하며 或有雖不卽悟나 知其妙密故로 語默動靜에 專精
照察이라가 日久月深하면 忽然開解者니라 今言頓者는
雖有悟入遲速이 不同이나 以非斷妄取眞修治之法이니
故로 但體達自心善惡應用이 是眞性緣起라 起卽無
起하야 初無階級漸次일새 故로 云頓也니라

三乘權敎와 及禪門北宗所立에 皆云衆生이 本有覺
性은 如鏡有明性이요 煩惱覆之不現은 如鏡有塵闇하니
故로 修之拂之하야 令其顯現也라하야늘 圭峰이 評曰此
但染淨緣起之相이며 返流背習之門이라 而未悟煩惱
本空하고 心性이 本淨하니 悟旣未徹커니 修豈稱眞哉리오
하니 以故로 頓漸門下에 悟修得入行相이 逈異어늘 但薄
福多障下劣衆生은 雖遇妙旨하야 終日談揚이나 唯以
義理로 競爭勝負하야 增益我慢하고 不生正信하나니 信
猶不生이어든 況不惜身命하고 勤修匪懈耶아

或有信向心性本淨者라도 觀其現行컨댄 妄想習氣를
未能制伏하고 流蕩四方하야 虛消信施하나니 近來此輩가
164

如痲似粟이라 壽禪师所謂言行相違면 虛實可驗이 是

也라 故로 今刻意하야 宣揚悟後漸修之門爾로라

此悟後修門이 非唯不汚染이라 亦有萬行熏修하야 自

他兼濟矣어늘 今時禪者는 皆云但明見佛性然後에 利

他行願이 自然成滿이라하나니 牧牛子는 以謂非然也라하노

라 明見佛性은 則但生佛平等하며 彼我無差어니와 若不

發悲願이면 恐滯寂靜하노라 華嚴論에 云智性은 寂靜하니

以願防智가 是也니 故知悟前惑地엔 雖有志願이나 心
165

力이 昧略故로 願不成立이어니와 悟解後엔 以差別智로

觀衆生苦하야 發悲願心하며 隨力隨分하야 行菩薩道하면

覺行이 漸圓하리니 豈不慶快哉리오

此悟後化用이 有平等差別二義하니 平等化는 頓現호대

而差別化는 漸圓을 居然可知矣어늘

---

164. 虛消信施는 신심으로 시주한 공양물을 허비하는 것을 말하는데, 『勅修百丈淸規』 제5
권(大正藏 48, 1138下)에는 "일생 동안 계를 지키지 않는 사람은 외람되게 공문에서
신심으로 시주한 공양물을 헛되이 낭비한다(一生爲無戒之人 濫厠空門虛消信施)"라고
하였다.
165. 미주 제65항 참조

今時讀傳迹者가 見得法奇異之事하고 以謂見性則應

時에 必有神通智慧와 無碍辯才라하나니 故로 見無辯慧

妙用者하면 便謂虛頭라하야 不生信向하나니 此人은 全爲

不逢善友하며 不善參詳하야 不知悟後에 更有辨惑智

慧와 菩薩萬行은 漸次而成이로다 如禪源集에 云如有一

人이 [在纏法身] 諸根이 具足하야 强壯多藝러니 [恒沙妙用] 忽然得病하

야 [無始無明] 漸漸加增하야 [我法二執] 乃至氣絶호대 [造業受報] 唯心頭暖이러

니 [賴耶識中無漏智種] 忽遇良醫가 [大善知識] 知其命在하고 [見凡夫人卽心是佛] 强灌神

藥하야 [初聞不信頻說不捨] 忽然蘇醒하야 [悟解] 初未能言이라가 [初悟人說法答他問難悉未的也]

乃至漸語하며 [解說法也] 漸漸行李하야 [十地十波羅蜜也] 直至平復하야는 [成佛]

所解技藝를 無所不爲니 [神通光明一切種智] 以法으로 一一對合하면

有何疑事를 而不除也리오 卽知一切衆生이 不能神通

作用者는 但以業然惑病所拘언정 非己法身이 不具妙

德이어늘 今愚者가 難云汝旣頓悟卽佛이어니 何不放光

者는 何殊令病未平復之人으로 便作身上本藝리오하니

此上所載에 法喩分明하니 一一照之하야 除疑生信이어다

信若極則自然有開解矣_{리니} 開解者_는 非但意解_라 卽
心卽佛_을 便了_{하고} 亦須將此妙旨_{하야} 長須照顧_{하면} 忽
然更有一重親切自肯自到之地_{리니} 方爲正解也_{어니와}
若無善權決擇_{이면} 則得到究竟地_가 最爲難矣_{리라}
又見今時說法者_{호니} 說時似悟_나 而於觀行_엔 但攝散
默照_{하야} 取靜爲行_{하나니} 如此者_는 多自不知立志制行
_{하야} 墮在權漸_{하고} 長爲動靜廻換_{하야} 眞妄相治_{하야} 終
166
不入於卽心卽佛最上乘門_{하나니} 切須知之_{니라} 但信解
眞正_{하야} 動靜雙資_{하야} 冥符性海_{하면} 則安禪靜慮之功
167   168
이 自然在其中矣_{리라} 然_{이나} 障惑重者_는 雖有見處_나 而
於行門_에 亦用調伏等行_{하야사} 永不退轉_{하리니} 如有人_이
問密禪師_{호대} 悟此心已_{하야는} 如何修之_오 還依初說相
教中_{하야} 令坐禪否_아 答_{이라} 此有二義_{하니} 謂惛沈_이 厚

---

166. 廻換은 서로 바꾼다는 말로 動이 오면 靜이 가고, 靜이 오면 動이 가는 등 고요하지
　　못한 것을 말한다.
167. 性海는 진여의 理性이 넓고 깊은 것을 바다에 비유한 말로, 여래 법신의 경계를 의미
　　한다.
168. 安禪은 入禪과 같은 말로 좌선하면 몸과 마음이 편안하다는 뜻이다.

重하야 難可策發하며 掉擧猛利하야 不可抑伏하며 貪嗔이

熾盛하야 觸境難制者는 卽用前教中種種方便하야 隨

病調伏이어니와 若煩惱微薄하며 慧解明利인댄 卽依本宗

本教 一行三昧 라하야늘 今時에 或有不知此意하며 不量
　169　　　170

根力者는 謂已悟了煩惱性空이라하야 便撥置修行하고

墮在任病하야 雖有發業之時라도 不生慚愧하나니 此皆
　　171　　　　　　　　　　　　　172

我慢垢重하며 懈怠障深하야 全無猛烈志氣故也니라

龍門佛眼 禪師偈云 心光이 虛暎하야 體絶偏圓이로다 金
　173

---

169. 本宗本教의 본종은 卽顯心性宗, 본교는 顯示眞心卽性教를 말한다.
170. 問悟此心已如何修之로부터 卽依本宗本教一行三昧까지는 『禪源諸詮集都序』(大正藏 48, 405中)에 나온 내용이다.
171. 任病은 『圓覺經』에서 말하는 네 가지 병의 하나다.
　① 作病의 作은 마음으로 조작하는 것이다. 즉, 마음으로 여러 가지 행을 지어서 원각을 구하려는 것이다.
　② 任病의 任은 연에 따라 자성을 맡긴다는 것이다. 즉, 생사를 끊지도 않고 열반을 구하지도 않고, 일체에 맡겨서 원각을 구하려는 것이다.
　③ 止病의 止는 허망한 것을 그치면 곧 참이라는 뜻이다. 즉, 모든 생각을 그치고 고요하고 평등하게 하여 원각을 구하려는 것이다.
　④ 滅病의 滅은 적멸, 온갖 번뇌를 소멸하고 根과 塵을 고요하게 하여 원각을 구하려는 것이다.
172. 慚愧는 慚은 자기가 지은 죄를 스스로 부끄러워하는 것이며, 愧는 타인을 대해서 부끄럽게 여기는 것이다.
173. 龍門佛眼에 대해서는 미주 제66항 참조

25

波匝匝에 動寂常禪이로다 念起念滅에 不用止絶하라 任
運滔滔어니 何曾起滅이리오 起滅이 寂滅하면 現大迦葉하
리라 坐臥經行에 未曾間歇이어니 禪何不坐며 坐何不禪이
리오 了得如是하면 始號坐禪이니라 坐者는 何人이며 禪是
何物고 而欲坐之인댄 用佛覓佛이라 佛不用覓이니 覓之
轉失하리라 坐不我觀이며 禪非外術이라 初心이 鬧亂하야
未免廻換일새 所以多方으로 敎渠靜觀하야 端坐收神호니
初則紛紜타가 久久恬淡하면 虛閑六門이요 六門이 稍歇하
면 於中分別하나니 分別纔生에 似成起滅이나 起滅轉變이
從自心現하나니 還用自心하야 返觀一遍하면 一返不再에
圓光頂戴리라 靈焰騰輝하니 心心無碍로다 橫該竪入에
生死永息하나니 一粒還丹이 點金成汁이로다 身心客塵이

---

174. 滔滔는 물이 많은 모양, 광대한 모양, 큰 물이 흘러가는 모양을 형용한 말이다.
175. 橫該竪入은 橫으로 무한한 공간을 該攝하고, 竪로는 무한한 시간을 攝入하는 것이다.
176. 客塵은 번뇌를 말한다. 번뇌는 모든 법의 體性에 대해서 본래의 존재가 아니므로 客
이라고 한다.
   客塵煩惱 : 번뇌를 일컬어 객진번뇌라 한다. 모든 법의 體性에 대하여 번뇌는 본래의
   존재가 아니므로 客이라 하며, 티끌과 같이 미세하고 수가 많으므로 塵이라 하는 것

透漏無門이로다 迷悟且說이어니와 逆順休論이어다 細思昔

日에 冷坐 尋覓건댄 雖然不別이나 也大狼藉로다 刹那凡
¹⁷⁷

聖을 無人能信이로다하니 ^{云云} 然則要在能信而已니라

牧牛子가 審此錄中設法旨趣건댄 於一眞法界에 分爲

二門하니 一은 法이요 二는 人이라 初는 約法하야 開隨緣不

變二義하고 次는 依人하야 辨頓悟漸修二門호대 條分縷

析하야 煥然明白하니 我等末法比丘가 夙劫有緣하야 逢

此妙門이라 信解受持하야 自於自心에 不迷修眞之路하

이다. 따라서 객진번뇌란 우연적인 번뇌·외래적인 번뇌·비본래적인 번뇌란 의미이
다. 우리의 마음은 본래 청정한 것임에도 불구하고 그것이 染汚된 모습으로 나타나는
것은 원래 청정한 마음에는 존재하지 않는 객진번뇌가 외부로부터 마음을 염오시키
기 때문이다.

『대반야경』권569(대정장 7, p.937a)에는 "부처님은 중생의 본성은 청정하지만 객진번
뇌에 덮여 깨닫지 못한다는 것을 모두 안다.(諸佛悉知有情本性淸淨 客塵煩惱之所覆
蔽 不能悟入)"하였다. 또『대승장엄경론』권5(대정장 31, p.614a)에는 "非寂靜과 적정
寂靜은 진실한 염정染靜의 모습이다. 비 적정이란 객진번뇌 때문이고, 적정이란 자성
청정 때문이다.(非寂靜寂靜者 是眞實染靜相 非寂靜者 由客塵煩惱故 寂靜者 自性淸淨
故)"라고 하였다.

『佛性論』권4에는 일체의 번뇌를 열거하여 9가지로 제시하고 있다. 즉 隨眠貪欲煩
惱·隨眠瞋·隨眠癡·貪瞋癡等極重上心惑·無明住地·見諦所滅·修習所滅·不淨
地·淨地惑. 등이 그것이다.

177. 冷坐는 兀坐와 같은 말로 곧 좌선하는 것을 말한다.

니 豈不慶幸哉리오 今有同住初心者가 受持此錄하야 專
精觀照호대　尙昧自心하야　不辨眞妄하야　多有退轉일새
故로 略更辨之하야 助揚妙旨하노니 如墜露添流며 纖塵
足嶽爾로다 今所論은 一切衆生을 不揀愚智善惡하고 乃
至禽獸히 所有心性이 皆自然了了常知하야 異於木石
者니 且不是緣境分別之識이며 亦非證悟之智라 直是
眞如自性이 不同頑虛하야 性自常知니 華嚴經回向品
에 云眞如는 照明으로 爲體라하며 起信論에 云眞如體相
은 眞實識知라하시며 拘那含佛傳法偈에 云佛不見身知
是佛이니 若實有知면 別無佛等이 是其意也니라

問이라 旣云靈知之心이 直是眞如自性이라 非緣境分
別之識이며 亦非證悟之智인댄 我等은 今者에 住妄識分
別하야 求佛知見이 如將黑椶子하야 鍊作摩尼니 徒勞

---

178. 眞如照明爲體는 80권 『大方廣佛華嚴經』 제30권 「十回向品」(大正藏 10, 162中~下)의
말이다.
179. 眞如體相 眞實識知는 『大乘起信論』의 내용에서 인용한 것이다. 원문은 미주 제67항
참조.

精進커니 何時相應去哉리오

答이라 眞知雖寂이나 而常在萬緣이요 妄想이 雖虛나 而
恒冥一性이니 豈可不識根由하고 自生艱阻리오 錄中에
法喩齊擧하야 決擇分明하고 不隱微毫어늘 只恐修心人
이 有如是疑하야 退觀察力故也니라 汝若謂現今心識
分別이 實有體性者인댄 如癡孩子가 見明珠現黑色時
에 不知影像이 全空하고 直言黑珠라하나니 縱聞人說此是
明珠者라도 緣目覩其黑하야 亦謂被黑色纏裹라하고 擬
待磨拭하야 去却黑闇하고사 方見明珠라하나니 如是見解를

---

180. 佛知見은 tathāgatajñāna-darśana의 의역으로 諸法實相의 이치를 깨닫고 비춰 보는
부처님의 지혜를 말한다. 모든 부처님이 세간에 출현하는 까닭은 중생으로 하여금 이
佛知見을 얻게 하기 위함이다. 이것을 얻게 함에는 開·示·悟·入의 차례가 있다.
四佛知見 : 제법실상의 이치를 깨닫고 비추어 보는 부처님의 지혜를 佛知見, tathāga-
tajñāna-darśana이라 한다. 모든 부처님이 세간에 출현하는 까닭은 중생으로 하여금 이
불지견을 얻게 하기 위함이다. 불지견을 얻게 하는 네 가지의 차례를 사불지견이라 하
는데, 開佛知見·示佛知見·悟佛知見·入佛知見이 그것이다.
開란 무명을 깨부숴 如來藏을 열어 보임으로서 實相의 理를 드러냄을 말한다. 示示란
의혹과 장애가 이미 제거하여 지견의 體가 드러나 법계에 두루 덕을 자연스럽고 분명
하게 보여 줌을 말한다. 悟란 事과 理의 法體가 融通無礙함을 깨달아 아는 것을 말한
다. 入이란 현상(事)과 본질(理)이 이미 원용하며 任運自在하여 본래 있는 법의 체와
합치된 것을 말한다.

堅執不捨_{하면} 則宛是學大小乘法相之人着相之見_{이어}

_니 何言志慕心宗_{하야} 樂聞深義_{하고} 專求定慧者乎_{리오}
181

今之所明空寂靈知_가 雖非分別之識_{이며} 亦非證悟之

智_나 然_{이나} 亦能生識之與智_{하야} 或凡或聖_{하며} 造善造

惡_{하야} 順違之用_이 勢變萬端_{이니} 所以然者_는 以體知故

_로 對諸緣時_에 能分別一切是非好惡等_{이니라} 雖對諸

緣_{하야} 愛憎嗔喜_가 似有起滅_{이나} 能知之心_은 無有間斷

_{하야} 湛然常寂_{이니} 是知迷時_에 謂心爲動_{이나} 悟則知心

無起耳_{로다}

文_에 云迷時_{에도} 亦知_라 知元不迷_며 念起_{에도} 亦知_라 知

元無念_{이며} 乃至哀樂喜怒愛惡_{에도} 一一皆知_라 知元

空寂_{이니} 空寂而知_{라사} 卽於心性_에 了然不惑_{이라하야} 以
182

是道理_로 密師_가 每向學人道_{호대} 汝今了了能知_가 現

是佛心_{이로대} 而根鈍者_는 卽不信受_{하야} 直不肯照察_{하고}

---

181. 心宗은 佛心을 밝히는 종, 즉 禪宗을 말한다.
182. 迷時로부터 了然不惑까지는 『法集別行錄』의 말이다.

但言某乙은 鈍根이라 實不能入이라하나니 是知失頭狂走
者가 密師堂下에도 亦有之라 非獨今也로다 首楞嚴經에
云如彼城中에 演若達多가[183] 豈有因緣自怖頭走리오 忽
然狂歇하면 頭非外得이며 縱未歇狂인달 亦何遺失이리오하
며 又云卽汝心中에 演若達多狂性이 自歇하면 歇卽菩
提라 勝淨明心이 本周法界호대 不從人得이라하니 如是
則頭本安然이라 非今有無어늘 而演若達多가 忽然發
狂하야 自生得失之想이라 更無他故니 豈有智者가 知自
發狂하고 而不改悔리오 故知眞妄得失之見은 但自妄
想耳언정 非此心性이 致有增損이니라

然이나 此妄想所起가 如彼狂走라 無別有因이니 旣稱爲
妄인댄 何有所因이며 若有所因인댄 不名爲妄이니 當知

---

183. 演若達多는 Yajñadatta의 음역으로 延若達多 또는 耶若達多라고도 하며 의역으로는
祠授·祠天이라한다.
演若達多는 미친 사람이다. 거울 속의 머리에 미혹(愛)하여 자기의 머리에 눈과 얼굴
이 없다고 질책하며 미쳐 달아났다는 것은 결국 本質을 미혹하고, 부질없이 流轉을
따르는 것에 비유한 것이다. 『戒環解』(『卍續藏經』17, p.759하). 演若達多는 狂人也니
愛鏡中頭하야 責己狂走는 喩因執影明하야 遂迷本眞하고 妄隨流轉이니라.

爲有妄故로 將眞治妄이라 推窮妄性이 本無어니 何有眞
而可得이리오 若知眞妄이 一無所得하면 知無所得者도
亦無所得하리니 到此境界하야는 如紅爐上一點殘雪하리라
  184
如是則平昔硜硜認名執相之患이 當下氷消니 以無所
執故로 襟懷灑落하야 物累不拘也리라 但自時中에 徐徐
  185
廻觀하며 密密護持하야 不停纖粟矣어다 九霄絶翳어니
何用穿通이리오 一段靈光은 未曾昏昧로다 勿棲泊處가
離去來今이로다 法爾天眞이라 不因造作이로다 本來淸淨
하야 見聞語黙에 隨處明了하야 不昧作用이로다 更無欠
少어니 何假添補리오 於此에 信得及把得住하야 運如幻
悲智하야 度如幻衆生하면 任運覺行이 不作而成하리니
豈不慶快平生也리오
今時에 或有不善參詳하야 迷昧自心者가 堅執聖敎分判

---

184. 紅爐上一點殘雪은 '이글거리는 화로 위로 떨어지는 한 점 눈'처럼 모든 煩惱妄想이 순
식간에 사라지는 것을 비유할 때 즐겨 사용한다. 미주 제69항 참조.
185. 九霄는 九天이란 말과 같다. 하늘을 아홉 방위로 나눈 것이다. 명칭은 다음과 같다.
鈞天(中), 蒼天(東), 變天(東北), 斷天(西北), 昊天(西), 炎天(南), 朱天(西南), 玄天(北),
陽天(東南).

五牢固 時分之量하야 云今時는 正當後五百歲鬪諍牢
固之時하니 而今學禪定解脫者는 蓋不知時하야 多爲僞
妄之行이라하나니 如是疑謗者는 返自不知寡聞無識하야
成謗三寶之罪愆也로다 金剛經에 不云乎아 若當來世
後五百歲에 其有衆生이 得聞是經하고 信心淸淨하면 卽
生實相하리니 當知是人은 成就第一希有功德이라하시니
而今末世에 若無信解般若하야 而生實相之者하고 佛
有如是之說이면 則三世諸佛이 皆是誑惑衆生妄語人
矣리라 然이나 諸佛聖人은 是眞語者시며 實語者시며 如語
者시며 不誑不妄이시니 故로 切祝彼執時分疑謗之者하노

---

186. 五牢固는 불멸 후 불교의 성쇠 상태를 오백 년을 한 시기로 해서 다섯으로 구분한 다섯 가지의 五百年을 말한다.
　①제1 오백년은 지혜로 해탈의 果를 증득한 사람이 많기 때문에 解脫 堅固 시대.
　②제2 오백년은 선정을 닦는 사람이 많기 때문에 禪定 견고 시대.
　③제3 오백년은 불법을 많이 배워 독송하는 사람이 많기 때문에 多聞 견고 시대
　④제4 오백년은 사원이나 탑을 세우는 이가 많기 때문에 塔寺 견고 시대.
　⑤제5 오백년은 점차 불법이 쇠퇴하여 시비 논쟁이 많아지기 때문에 鬪爭 견고 시대.
　이 내용에 대한 전거의 원문은 미주 제70항 참조.
187. 若當來世로부터 成就第一希有功德까지는 『金剛般若波羅蜜經』(大正藏 8, 750中)에 나온 내용이다.

니 自正其心하야 收疑遣惑하야 永除謗佛謗法謗僧之
深殃이 卽其宜矣니라

今時에 或有學般若聰明利根之者가 不費多力而有
信解之處일새 遂生容易心하야 便不勤修하고 返隨聰明
巧慧所使하야 博涉儒釋하야 知見은 大多하고 定力이 大
小라 因之被目前違順境界所奪하야 愛憎嗔喜가 熾然
起滅하야 恒以較量他人是非로 爲懷하고 不生慚愧하나니
旣不生慚愧어니 何知有改悔調柔之法이리오 如是日久
月深하야난 迷而不返하야 道力이 不能勝業力일새 定爲魔
所攝持하야 臨命終時最後刹那에 六道五蘊이 現前하야
난 憧惶怖懅하야 失所依憑이라 無慧自救하고 依前流浪하
리니 不是少事니라 彼利根之輩도 尙有如是不善參詳이
온 何況根鈍者가 豈可放緩하야 成辦大事耶리오

故로 須發勇猛心하야 不顧形命하고 專精己事하야 以自
信解心性道理로 時時提撕하며 時時擧覺호대 揩磨道
眼하야 不受一塵으로 而爲基本하고 亦於萬行門中에 禮

佛誦經과 以至施戒忍等助道之事를 不可廢捨니라 古
人이 云實際理地엔 不受一塵이어니와 佛事門中엔 不捨
一法이 是也라[188]

今見往往退菩提心無德之者호니 全是不依佛戒하며 不
護三業하고 放逸懈怠하야 輕慢他人하고 較量是非로 而
爲根本이라 更無別事而作障難이니라 故知煩惱雖無量
이나 嗔慢이 尤甚하고 行門이 雖無量이나 慈忍이 爲根源이
니라

曉公이 云難忍을 能忍하면 菩薩行이요 可言을 不言하면 大
人心이라하며[189] 經에 云山間禪定은 不爲難이어니와 對境不
動이 是爲難이라하며 論에 云若無忍行이면 萬行不成이라하[190]
고 曹溪祖師는 云若眞修道人은 不見世間過하고 常自
見己過하야사 於道便相當이어니와 若見他人非하면 自非

---

188. 實際理地로부터 不捨一法까지는 『緇門警訓』 「八溢聖解脫門」(大正藏 48, 1053上)에 나
   온 말이다.
189. 難忍으로부터 大人心까지는 『初發心自警文』 가운데 「發心修行章」을 참조.
190. 若無忍行 萬行不成은 『新華嚴經論』 제11권(大正藏 36, 791下)에 나온 말이다.

却是左¹⁹¹라하시며 又曰若眞功德之人은 心卽不輕하야 行

於普敬커든 無德之人은 吾我自大하야 心常輕一切人¹⁹²이

라하며 又曰若眞不動者는 見一切人時에 不見一切人

過患과 及一切善惡是非하나니 卽是性不動也라 迷人은

自身雖不動이나 開口에 說一切人是非하나니 與道違背로

다 看心看淨不動者는 却是障道因緣¹⁹³이라하시니

上來所擧法門은 是諸佛菩薩이 慈悲痛切하사 爲修心

出世人하야 傾豁肝膽하고 發誠實語하사 指出修行徑要

之處시니 知訥은 感遇慶懷하야 特以此法으로 盡命受持하

고 亦勸同學人하노니 依而行之니라 若有信士가 遇斯妙

門하야 深心信解하고 常省己過하야 責躬匪懈하며 改悔調

柔하야 見一切人時에 善能守口攝意하고 不見過患하며

---

191. 若眞修道人으로부터 自非却是左까지는 『六祖大師法寶壇經』(大正藏 48, 351下)에 나온 말이다.
192. 若眞功德之人으로부터 心常輕一切人까지는 『六祖大師法寶壇經』(大正藏 48, 352上)에 나온 말이다.
193. 若眞不動者로부터 却是障道因緣까지는 『六祖大師法寶壇經』(大正藏 48, 353中)에 나온 말이다.

不論是非하고 觀自觀他에 冥符性空하야 日新其道하면

獲無生慈忍力者니 可謂眞出世丈夫男子也리라 雖有

如是施戒忍等助道方便과 萬行施爲나 由先已悟煩

惱性空故로 所治習氣는 生卽無生이요 能治覺行도 爲

而無爲하야 能所俱離하고 隨緣無作이 是爲眞修어니 豈

可言體得本淨然後에 都無修治耶리오

如有人이 問古禪师호대 有人은 雖了萬境唯心이나 忽遇

違順境時엔 爲甚하야 亦有愛憎嗔喜닛고 师曰此人은 秖

是道力이 未充이며 亦是習氣未盡이니 雖然念起나 終不

作諸惡業하나니 何以故오 當處出生하야 隨處滅盡이라

故로 云不怕念起요 唯恐覺遲라하며 又云瞥起는 是病이요

莫續은 是藥이라 向後自然淡薄去라하니 悟道之人은 縱
194

有一切客塵煩惱나 在他分上하야는 俱成如來知見이니 故

로 云煩惱卽菩提라하나니라 又問曰有人은 不了萬境唯
195

---

194. 不怕念起로부터 莫續是藥까지는 『宗鏡錄』 제38권(大正藏 48, 638上)에 나온 말이다.
195. 煩惱卽菩提는 『景德傳燈錄』 제29권(大正藏 51, 451上)에 나온 말이다.

心이로대 對違順境時에 爲甚하야 亦無愛憎嗔喜닛고 師
曰此是調伏이라 如石壓草니 故로 云雖因調習하야 得少
安靜이나 不安之相이 常現在前이라하며 又云得在於心
靜이요 失在於物虛¹⁹⁶라하니 是故로 修眞之士는 不以外相
動靜是非로 在意하고 當以覺慧鍛鍊功成으로 爲急爾니
라

又見修心人호니 謂已悟心이나 而所入이 不甚深者는 雖
終日內照나 常爲淨潔所拘며 雖觀物虛나 恒爲境界
所縛이니 此人之病은 只在認見聞覺知하야 爲空寂知하
야 坐在光影門頭언정 非干別事니라 然이나 今時初心人이
離日用見聞覺知하야는 終未得履踐之路頭요 又不深
知心體離念則終未免見聞覺知所轉커니 何言其當處
出生과 隨處滅盡之相耶리오 切須深細思看하야 不得
自謾이어다 然이나 此所悟離念心體가 卽諸法之性이니

---

196. 得在於心靜 失在於物虛는 『肇論』(大正藏 45, 152上)에 나온 말인데, 원문에는 得在於
神靜으로 되어 있다.

包含衆妙하며 亦超言詞라 超言詞故로 合忘心頓證之

門이요 含衆妙故로 有相用繁興之義라

故로 此心性에 有全揀門全收門하니 修心者는 切須審
                           197
詳이어다

如密禪師云 以一眞心性으로 對染淨諸法하야 全揀全

收니 全揀者는 但剋體하야 直指靈知가 卽是心性이요 餘

皆虛妄이니 故로 云非識所識이며 亦非心境等이며 乃至

非性非相이며 非佛非衆生이라 離四句絶百非也요 全

收者는 染淨諸法이 無不是心이라 心迷故로 妄起惑業하

---

197. 全揀門, 全收門 : '전간전수'는 종밀이 『都序』(大正藏 48, 405下)에서 채택하고 있는데, 全揀은 遮詮의 의미로서 일체를 부정하며 오직 '靈知'만을 인정하는 것이고, 전수는 표 전의 의미로 염정의 모든 법 일체를 진리 그 자체로서 인정한다는 방법론이다. 즉 전간 은 '전적으로 그것만 뽑아내고 다른 것은 다 버린다'는 말로 오직 그것만의 절대성을 긍 정하고 다른 모든 것은 부정하는 것이며, 전수란 '전적으로 거두어 들인다'는 말로 일체 대상을 다 긍정하여 그 절대적인 것 속에 섭수한다는 뜻이다.
『절요사기』에서 지눌은 마음의 본체가 곧 법성이며, 이러한 心性에는 전간문과 전수문 이 있다고 한다. 전간은 靈知가 바로 심성이며, 나머지는 모두 다 허망한 것임을 말하 는 것이다. 전수는 모든 일체의 세계와 대상이 마음의 작용으로 나타난다고 보는 것으 로 이 모두가 진실하다고 보는 것이다. 緣起卽空과 空卽緣起의 두 측면에서 설명할 때 연기즉공의 측면이 전간문이며, 공즉연기의 측면은 전수문이라 할 수 있다.
전간은 諸宗을 全揀하는 別敎性起이며, 전수는 제종을 전수하는 同敎緣起라 한다.

야 乃至四生六道雜穢國界요 心悟故로 從體起用하야 四等 六度와 乃至四辯 十力과 妙身淨刹을 無所不現
이니라 旣是此心이 現起諸法故로 法法이 全卽眞心이 如人이 夢所現事가 事事皆人이며 如金作器에 器器皆金이며 如鏡現影에 影影皆鏡이니라

夢은 喩妄想業報하고 器는 喩修行하고 影은 喩應化니라

故로 華嚴經에 云知一切法이 卽心自性하면 成就慧身을 不由他悟라하며 起信論에 云三界虛僞라 唯心所作이니 離心하면 卽無六塵境界하나니 是故로 一切法이 如鏡中

---

198. 四等은 곧 慈·悲·喜·捨의 四無量心이다. 미주 제72항 참조.

199. 六度는 곧 六波羅蜜이다

200. 四辯은 설법을 자유자재로 할 수 있는 네 가지 요건으로, 四無礙辯 혹은 四無礙智라고도 한다. 미주 제73항 참조.

201. 十力에 대해서는 미주 제74항 참조.

202. 以一眞心性으로부터 影喩應化까지는 『禪源諸詮集都序』(大正藏 48, 405下)에 나온 내용이다.

203. 『華嚴經』 제17권, 「梵行品」 제16(大正藏 10, 88下~89上)에 나온다.

204. 『大乘起信論』(大正藏 32, 577中)에 나온다.

像이라하며 楞伽經에 云寂滅者는 名爲一心이요 一心者는
204
名如來藏이니 能遍興造一切趣生하야 造善造惡하야 受
苦受樂이 與因俱라하시니 故知一切無非心也로다 云云 直
205
現出眞心之體코사 方能於中에 揀一切收一切也니 如
是收揀이 自在하며 性相이 無碍하야사 方能於一切法에
悉無所住하리니 唯此名爲了義라하니 以是當知하라 若不
206
頓悟一眞心性하고 但於中에 揀一切則滯在離言之解
요 收一切則又滯圓融之解하리니 皆落意解라 難爲悟
入矣로다 若欲收揀自在하야 性相無碍인댄 則須頓悟一
心이요 若欲頓悟인댄 切須不滯意解니 以故로 滯則雖收
揀이 俱非나 當於悟門하야 勸絶方便은 唯全揀切近이니
故로 剋體直指靈知는 在全揀門也니 故知本分宗師
鍛鍊悟門엔 亦遣靈知가 最爲妙矣로다 若透脫意解하고

---

205. 『入楞伽經』 제1권, 「請佛品」 제1(大正藏 16, 518下~519上)에 나온다.
206. 了義는 진실하고 극진한 이치를 분명하게 설한 실교인 了義敎를 말한다. 반면에 중생의 근기에 맞춰 방편으로 가르침을 설한 권교를 不了義敎라 한다.

頓悟一心하면 則方知此心이 包含衆妙하며 亦超言詞하야 全收全揀이 自在無碍矣리라 故知所悟靈知之心이 卽純眞性海라 當不可說이로대 而能隨緣하야 現起四生六道와 及妙身淨刹等染淨諸法하나니 故名緣起니 起卽無起를 名不思議起니 故로 云法法이 全卽眞心이 如影影皆鏡等이니라 如是則悟心之後에 建立掃蕩이 有何妨碍리오

如義湘法師偈[207]에 云法性圓融無二相하니 諸法不動本來寂이로다 離名離相絶一切하니 證智所知非餘境이로다 眞性甚深極微妙하니 不守自性隨緣成이로다 一中一切多中一이요 一卽一切多卽一[208] 等은 此則先明眞性離名絶相하고 次明眞性緣起無碍니 故로 亦是圓敎中全揀全收義也니라 然이나 但言緣起면 卽非全收어니와 緣起卽

---

207. 義湘 스님에 대해서는 미주 제75항 참조.
208. 法性圓明으로부터 一卽一切多卽一까지는 『華嚴一乘法界圖』(大正藏 45, 711上)에 나온 내용이다.

性起라사 乃名全收니 此理는 至近而難識이라 是知全

收門極致도 亦證智所知로다 然이나 凡言唯心唯識이 皆

屬全收門하니라

壽禪師云 緣起一門은 若是頓教인댄 不說하니 緣起는

卽是事相이라 令眞理不現이니 要由相盡이라사 乃是實

性이니 若說緣起면 如以翳眼으로 而見空花니라 若是圓

教法界起인댄 必一多互攝하야 有力無力이 方得成立이

라 一多無閡하야 攝入同時를 名入大緣起라하니 據此所

說컨댄 頓教는 不說緣起하니 卽闕全收로다 無全收故로

不成全揀이니라 何者오 旣毀相泯心故로 必取眞性이어니

---

209. 性起는 體性現起라는 뜻이다. 연기의 궁극적 사태를 가리키는 화엄 교학의 용어다. 性은 本性·眞性·實性을, 起는 일어나고 있는 것을 의미한다. 즉, 사물의 체성이 법성 그대로의 나타나는 것이다. 여러 가지 다른 형이 나타난다고 하는 것 자체가 性이라는 것이다. 본래 不起하는 진여의 체성 그 자체가 '不住에 의하기 때문에' 그대로 現起하고 있는 것을 말한다.

210. 事相은 本體인 진여에 대해서 현상계 낱낱의 차별된 모양이다.

211. 法界起는 法界緣起의 준말이다. 法界無盡緣起·無盡緣起·一乘緣起라고도 한다. 모든 것이 서로 인연이 되어 나타나 일어나고 있는 重重無盡緣起로서 화엄 교학의 중심 관념의 하나다. 이것은 전 우주 통일의 도리면서 자신의 존재 방식이고, 우리들 세계의 진실상을 표현하는 말이다. 이에 대한 자세한 것은 미주 제76항 참조.

212. 緣起一門으로부터 名入大緣起까지 『萬善同歸集』(大正藏 48, 984中)에 나온 내용이다.

何成全揀이리오 禪宗全揀門者는 但剋體하야 直指心性
이 本來常寂하야 絶諸待對爾언정 非爲取捨니 是乃全收
中全揀也라 不同頓教에 都無全收하니 雖似全揀이나 亦
不成全揀也어늘 不知此意者는 徒興禪敎彼我之諍하나
니 時當鬪諍牢固故로 不足爲怪로다

密禪師云 佛教는 爲萬代依憑이라 理須委示요 師訓은
在卽時度脫이라 意使玄通이라하니 故知禪敎爲門이 事
²¹³
體各別이로다 何者오 佛教委示者는 緣起法門에 事事無
礙니 巧辯多端故로 於全收門엔 親近호대 而全揀門엔
且疎요 師訓玄通者는 對機下語가 句能剗意하고 意能
剗句라 意句交馳하야 不留其迹故로 於全揀門엔 親近
호대 而全收門엔 且疎니 全揀門親近者는 在卽時度脫
故요 全收門親近者는 爲萬代依憑故라 雖兩家가 皆有
二門이나 然이나 各有所長이라 不可相非니 旣在卽時度

---

213. 佛敎로부터 意使玄通까지는 『禪源諸詮集都序』(大正藏 48, 399下~400上)에 나온 말이
다.

脫이라 撮略爲門일새 故로 雖有引敎나 皆爲明宗이지 非

純敎也어늘 不知此意者는 但將敎義深淺하야 度量禪

旨하고 徒興謗讀하나니 所失이 多矣로다

若大量人인댄 放下敎義하고 但將自心現前一念하야 參

詳禪旨則必有所得하리니 如有信士면 傾鑑此言이어다 今

時에 或有不窮世出世善惡因果가 皆從一念起者는 居

常時中에 輕御自心하야 不解省察하나니 以故로 雖有看經

及禪偈에 忽然得意之時나 但卽時欣幸爾요 後便輕擲하

야 不加決擇하며 亦復不生萬劫難遭之想하고 隨逐塵緣하

야 念念流轉하나니 豈有成辦之期리오 密禪师가 大有警策

之語하니 如云學道之人이 輕因重果하나니 願諸道者는 深

信自心하라하니 硏味此言이면 可不生悲感歟아

嘗試論之호리라 現今凡夫緣慮分別이 皆從眞性中緣

起라 性本淸淨하니 故로 若能虛懷하야 略借廻光하면 只

214

---

214. 學道之人으로부터 深信自心까지는 『大方廣圓覺修多羅了義經略疏註』(大正藏 39, 535
下)에 나온다.

在一念이라 不費多力矣리라 雖然般若力大나 亦有無明力不思議하니 故로 後後長養하야 保任不忘이 爲難爾어니와 若返照得意後에 信根이 堅固하야 發勇猛心하야 長時保任하면 有何不成이리오 若不秘重得意一念하고 而別求見性神通道力이면 則豈有休歇時리오 所言人人現前一念者는 卽是一法이니 故로 云所言法者는 謂衆生心也 라하시니 是心이 卽是眞如生滅二門三大之源이라
215
是故로 此心體性이 沖深包博하야 摠該萬有而不動隨緣故로 卽體卽用이며 卽人卽法이며 卽妄卽眞이며 卽事卽理하야 義勢萬差나 而復湛然常寂하야 逈絶一切故로 非性非相이며 非理非事며 非佛非衆生等이니 如前所謂全收全揀에 自在無妨이 是也니라

以有如是大不思議故로 宗師가 直指人人現前一念하야 見性成佛耳니라 今言性者는 是一心本法性이지 非性

---

215. 所言法者 謂衆生心은 『大乘起信論』(大正藏 32, 757하)에 나온 말이다.

相相對之性이니 故로 華嚴疏主心要牋에 云大道는 本
乎其心하고 心法은 本乎無住하니 無住心體가 靈知不昧
하야 性相이 寂然이로대 包含德用 이라하시니 今疑禪法者는
見此良證하고 除疑修心이 是吾所望也니라 又永嘉眞
覺大師云 一念者는 是正覺靈知之念也 라하며 誌公和
尙이 頌云大道가 曉在目前이어늘 迷倒愚人은 不了로다
一念之心이 卽是어니 何須別處尋討 가 是也라 但指一
念者는 禪偈는 撮略이라 在卽時度脫故也니 是知雖曰
衆生心이나 非局二門三大之一義가 明矣로다 故로 不同
下敎中에 望理爲一念成佛也어늘 惑者가 見相似語하고
徒增是非하야 不能深知妙旨耳니라

又壽禪師가 引華嚴經云 三界無別法이라 唯是一心

---

216. 大道本乎其心으로부터 包含德用까지는 『景德傳燈錄』 제30권, 「五臺山鎭國大師澄觀答
皇太子問心要」(大正藏 51, 459中)에 나온 말이다.
217. 『禪宗永嘉集』 「奢摩他頌」 제4(大正藏 48, 390上中)에 나온다.
218. 誌公和尙에 대해서는 미주 제78항 참조.
219. 『景德傳燈錄』 제29권, 「誌公和尙十四科頌」(大正藏 51, 450下)에 나온다.
220. 壽禪師는 永明智覺延壽 선사다. 미주 제79항 참조.

作이라하야늘 今謂唯是一念無明取相心이 作也라하나니 此
221
卽三界生死之病本也어니와 若知無明하야 不起取有하고
畢故不造新하면 卽是斷病本也라하니 是知一念之心을
222
旣名病本이며 亦是道原이로다 執實成非요 了空無過니
悟在刹那라 更無前後하니 以是當知호리라 決擇妙密則
至理切近이니 故로 雖是末世衆生이라도 若心量宏闊者
인댄 亦可虛懷自照하야 信一念緣起無生矣리니 雖未親
證이나 亦爲入道之基本也리라 圓覺經에 云末世諸衆
生이 心不生虛妄하면 佛說如是人은 現世卽菩薩이라하시
223
니 若末世에 全無信入者하고 而佛有如是說者면 作妄
語矣리라 然이나 佛은 是眞語者시며 實語者시니 故로 豈得
自生退屈하야 不觀察耶리오 如宗鏡錄에 云問이라 衆生
業果種子現行이 積劫所熏이라 猶如膠漆이어늘 云何但

---

221. 『永明智覺禪師唯心訣』, 「警世」(大正藏 48, 998上)에 나온다.
222. 華嚴經云으로부터 卽是斷病本也까지는 『維摩經略疏』 제22권, 「問疾品」(大正藏 38, 664下)에 나온 내용이다.
223. 『大方廣圓覺修多羅了義經』(大正藏 17, 917中)에 나온다.

了一心하면 頓斷成佛이리오 答이라 若執心境是實이며 人法不空인댄 徒經萬劫修行이라도 終不證於道果어니와 若頓了無我하야 深達物虛하면 則能所俱消하리니 有何不證이리오 猶微塵揚於猛吹며 輕舸隨於迅流어니와 秖恐不信一心하고 自生難阻로니 若入宗鏡인댄 何往不從이리오 且如勇施菩薩이 因犯淫慾코도 尙悟無生하며 性比丘尼는 無心修行호대 亦證道果온 何況信解一乘之法하야 諦了自心하고 而無剋證乎아

或有疑云 豈不斷煩惱오할새 解云但諦觀殺盜淫妄이 從一心上起라 當處便寂이면 何須更斷이 舉一心爲宗 照萬法如鏡 리오 是以로 但了一心하면 自然萬境如幻하리니 何者오 以一切法이 皆從心幻生이니 心旣無形커늘 法何有相이리오

---

224. 性比丘尼는 摩登女가 출가한 뒤에 부른 이름이다. 阿那含果를 증득하여 覺性에 들어간 비구니라는 뜻이다.

225. 一乘은 一佛乘이라고도 한다. 一은 唯一無二, 乘은 탈것이라는 뜻으로, 중생을 실어 깨달음으로 향하게 하는 유일한 진실의 가르침의 교리를 비유한 말이다. 자세한 내용은 미주 제80항 참조.

226. 問 衆生業果種子現行으로부터 法何有相까지는 『宗鏡錄』 제18권(大正藏 48, 511下)에

하니 據此錄所說斷惑之義컨댄　性相雙明이라야　是謂無

斷之斷이며　斷而無斷이라사　爲眞斷矣어늘　今禪者가　只

說本無煩惱가　元是菩提라하나니　故로　若非頓悟發明者

면　對殺盜淫妄하야　猶難曉達矣리라

華嚴略策에　云惑本無從커늘　迷眞忽起로다　迷而不返하

니　爛熳無涯로다　若纖雲覆空에　其來無所로대　須臾彌

滿하니　六合²²⁷　闇然이로다　長風이　忽來하야　倏然雲盡하고　千

里無點하니　萬像이　歷然이로다　方便風生하야　照惑無本하

니　性空이　顯現에　衆德이　本圓이라　八萬塵勞가　皆波羅

蜜이요　恒沙惑障이　盡是眞如²²⁸라하니　據此所說컨댄　豁然

可見也로다　且夫殺盜淫妄이　從惑而起어니와　若以方便

智로　照惑無本하야　性空이　顯現하면　則所謂殺盜淫等이

나온 내용이다.

227. 六合은 上下와 四方을 말하기도 하고, 一說에는 ① 孟春과 孟秋, ② 仲春과 仲秋, ③ 季春과 季秋, ④ 孟夏와 孟冬, ⑤ 仲夏와 仲冬, ⑥ 季夏와 季冬이 서로 합하여 천하, 세계, 우주의 뜻으로도 쓴다.

228. 惑本無從으로부터 恒沙惑障盡是眞如까지는 『大華嚴經略策』(大正藏 36, 704下~705上)에 나온 내용이다.

從何而起리오 然但言照惑無本者는 不如諦觀殺盜淫妄이 從一心上起라 當處便寂之說矣로다 此乃性相雙明이니 非用心於觀智者면 不知其曲折也리니 如一乘法界圖末句에 云窮坐實際中道床하니 舊來不動名爲佛이라하니라
229

問이라 具縛有情은 未斷煩惱하며 未成福智어늘 以何義故로 名爲舊來成佛耶닛고

答이라 煩惱未斷이면 不名成佛이어니와 煩惱斷盡하고 福智成竟하면 自此已去는 名爲舊來成佛이니라

問이라 斷惑이 云何닛고 答이라 如地論說하니 非初非中後
230
로대 前中後取故니라 問이라 云何斷이닛고 答이라 如虛空하니 如是斷故니 未斷已還은 不名爲斷이어니와 旣斷已去는 名爲舊來斷이니 猶如覺夢에 睡寤不同故로 建立成不成과 斷不斷이어니와 其實道理諸法實相은 不增不減하야

---

229. 『華嚴一乘法界圖』(大正藏 45, 711上)에 나온다.
230. 地論은 『十地論』을 말한다.

本來不動爾라하니 此師所謂煩惱斷盡하고 福智成竟者

는 約住初發心이니 卽攝五位 圓融成佛이라 一斷一切
²³¹

斷이며 一成一切成故요 自此已去者는 約行布門이니
²³²

望究竟果故也라 然이나 圓宗所說은 性相이 無碍故로

圓融이 不碍行布하고 行布不碍圓融이니 不得將情識

所見하야 作異時之解니라 非初非中後者는 所照之惑이

本空하고 能照之智도 亦寂이라 能所性離하야 俱不可得이

니 三際相亡故라 此乃先須信解稱性하고사 方可修行

---

231. 五位는 佛道 수행에 있어서의 다섯 단계의 계위를 말한다.
    즉, ① 資糧位, ② 加行位, ③ 通達位, ④ 修習位, ⑤ 究竟位다.

232. 圓融門과 行布門 : 원융문이란 圓融相攝門의 줄임말이다. 보살이 수행하여 불과를 얻음에 대하여 一位를 얻으면 일체위를 얻어 단박에 성불한다는 방법이다. 行布門이란 次第行布門의 줄임말이다. 화엄종에서 수행하는 계급에 十信·十住·十行·十回向·十地 등을 세워서 이 차례를 지나서 마지막의 理想境인 佛地에 이른다고 보는 관찰 방법이다.
    처음 발심할 때 곧 정각을 이룬다(初發心時便成正覺)는 것은 원융문의 입장에서 하는 말이며, 52위의 과위를 차례로 밟아 나아가는 것을 말하고 있는 것은 항포문의 입장에서 설명하는 것이다. 이 원융문과 항포문은 화엄사상에 있어서 覺行이 圓滿한 것을 말한 것이다. 원융문은 覺의 세계에서 지혜로서 바라보기 때문에 원융한 것으로 문수보살로 상징된다. 항포문은 行을 말하기 때문에 자비로서 이루어지는 것이며 보현보살로 상징되어진다. 이 둘이 서로 방해가 되지 않고 갖추어져야 한다.

矣_{나라} 前中後取者_는 以無所得方便_{으로} 隨順觀察_{하면} 則非無初中後智故_{니라} 然_{이나} 此方便智_는 以徹底無所得故_로 爲而無爲_{하며} 無爲卽爲_라 故_로 云如虛空_{하니} 如是斷_{이라하니} 宗鏡所謂但諦觀殺盜婬妄_이 從一心上起_라 當處便寂_{하면} 何須更斷_이 正謂是也_라 汎學輩_는 不知性宗眞修眞斷_이 猶如虛空_{하야} 都無所得_{하고} 自將情見_{하야} 妄謂實有能斷所斷_과 明闇對謝之相_{이라하야} 徒興口諍_{하고} 都不返觀_{하나니} 何時_에 善得煩惱本空之眞斷耶_{리오} 若得此意_{하면} 方見湘法師舊來成佛_과 舊來斷義也_며 亦乃善能隨順諸法實相_{하야} 不墮增減之見_{하리라} 華嚴宗要_에 云趣入法界法門者_는 無所入故_로 無所不入_{이요} 修行無邊行德者_는 無所得故_로 無所不得_이 是也_라 誌公和尙大乘讚偈_에 云聲聞_은 心心斷惑_{하나니} 能斷之心_이 是賊_{이어늘} 賊賊_이 遞相除遣_{하니} 何時_에

₂₃₃

---

233. 『宗鏡錄』(大正藏 48, 511下)에 나온 말이다.

了本語默이리오 不解佛法圓通하고 徒勞尋行數墨이라하며
234

又曰法性이 本來常寂하야 蕩蕩無有邊畔이어늘 安心取
捨之間하야 被他二境廻換이로다 斂容入定坐禪하야 攝
境安心覺觀하나니 機關木人 修道어니 何時得達彼岸이리
235

오 諸法이 本空無着이라 境似浮雲會散이로다 忽悟本性
元空하면 恰似熱病得汗하리라 無智人前莫說하라 打你
色身星散이라하며 忠國師 云 斷煩惱者는 名爲二乘이요
236   237

煩惱不生을 名大涅槃이라하시니 此上旨趣는 非斷煩惱
238

得菩提라 正是達煩惱爲菩提니 乃爲眞修眞斷耳니라

故로 先德이 云菩薩이 迷時엔 以菩提로 爲煩惱요 菩薩이

---

234. 聲聞心心斷惑으로부터 徒勞尋行數墨까지는 『景德傳燈錄』 제29권, 「梁寶誌公和尙大乘
讚十首」(大正藏 51, 450上)에 나온다.

235. 機關木人은 나무로 만든 꼭두각시 인형으로, 이것은 인간의 육체를 의미한다. 로봇은
인간의 조작에 따라 움직이지만 일단 조작을 그치면 움직이지 않는 것처럼, 인간의
육체도 4대의 假和合으로 이루어졌다는 뜻이다.

236. 法性本來常寂으로부터 打爾色身星散까지는 『景德傳燈錄』 제29권, 「梁寶誌公和尙大乘
讚十首」(大正藏 51, 449中)에 나온다.

237. 忠國師는 南陽慧忠 국사이다. 자세한 것은 미주 제81항 참조.

238. 斷煩惱者名爲二乘 煩惱不生名大涅槃은 『景德傳燈錄』 제5권, 「大開法席」(大正藏 51,
244中)에 나온 말이다.

悟時엔 以煩惱로 爲菩提가 正謂是也라

如有人이 問古德호대 教中에 道眞性中緣起라하니 此理
如何닛고 答曰大德이 正興一念問時가 是眞性中緣起
라한대 其僧이 於言下에 豁然大悟하니 故知今時修心人이
若不深觀一念緣起無生하면 則終未免斷惑之疑諍이며
亦復不知無斷之眞斷意也니 對如斯之輩하야는 默言
幸甚이니라 今言達煩惱爲菩提者는 爲煩惱性이 本空
故니 如圓覺疏에 云得念失念이 無非解脫者는 以念
本自空하야 元是無念故어늘 惑者가 以謂煩惱旣本無인
댄 達何物爲菩提耶리오하니 是謂守詮失旨者也니라

又先聖이 道菩薩이 觀衆生起悲心이 有三種하니 一은
妄苦本無어늘 得而不覺이요 二는 眞樂이 本有어늘 失而

---

239. 菩薩迷時로부터 以煩惱爲菩提까지는 『佛說仁王般若波羅蜜經』, 「菩薩教化品」 제3(大正藏 8, 829中)에 나온 말이다.

240. 古德은 智尉 禪師를 말한다. 인용문은 『景德傳燈錄』 제4권(大正藏 51, 229中)에 나온 내용이다.

241. 得念 失念 無非解脫은 『大方廣圓覺修多羅了義經略疏注』(大正藏 39, 556上)에 나온 말이다.

不知요 三은 於彼二에 顚倒故라하니 故知若衆生妄苦實
有하고 眞樂이 實無인댄 則凡入道者가 必須分分治斷이
如穿井人이 除土得空矣어늘 何得古今傳迹에 有一念
圓頓悟解者가 不可勝數耶리오 故知但自根性이 狹劣하
야 妄加除斷이요 而自不返思能斷心之所自出耳로다
如永嘉眞覺大師가 歌曰獅子吼無畏說이여 深嗟懵懂
頑皮靼하노니 只知犯重障菩提요 不見如來開秘訣이로다
有二比丘가 犯淫殺이어늘 婆離螢光增罪結하고 維摩大
士頓除疑하니 還同赫日銷霜雪이로다 又曰種性邪錯知
解하야 不達如來圓頓制로다 二乘精進勿道心이요 外道
는 聰明無智慧라하니 以是知此一念悟解之門은 以非
捨妄取眞漸次之法일새 故名如來秘密訣이며 亦名如
來圓頓制니 豈唯具德華嚴이 爲圓頓耶리오 彼約所詮

---

242. 菩薩觀衆生으로부터 顚倒故까지는 『大乘起信論義記』 상권(大正藏 44, 248中)에 나온
　　말이다.
243. 獅子吼無畏說로부터 外道聰明無智慧까지는 『永嘉證道歌』(大正藏 48, 396下)에 나온
　　구절이다.

義理가 無不圓具故요 此約得入門에 圓悟自心性相體
用故니라 此圓頓悟解之旨는 無別善巧라 但一念自信
耳어늘 自信不及者는 用許多巧力하야 自生艱阻로다
龍門佛眼禪師偈에 曰迷者는 迷悟요 悟者는 悟迷니
迷悟同體를 悟者方知니라 迷南爲北을 實情取則이나
北本是南이라 悟無移忒이로다 返究迷緣호대 莫得來處
로다 忽悟正方하야는 迷復何去오 其迷卽迷라 妄自高
低로다 生死惡覺으로 枉受膠黐라가 達迷無妄하니 歡喜
無量이로다 殺無明賊이 秖在一餉이니 一餉之間에 冥
通大千이로다 直下了了하면 三際虛玄이라 無始時來가
摠由今日이니 盡未來際히 更不尋覓이로다 當念無念이
라 靈光燄燄이로다 靈燄騰輝하니云心知難掩이로다 靈源
蕩碧에 森羅普入이로다 海印發明이 非關動息이라하니
請諸修心高士는 深細思看하라
吾今區區揀辨 先悟後修本末之義者는 要令初心으로
不自屈不自高하야 了然自見其曲折하야 終不混濫也노

라 文에 云今頓悟本心常知는 如識不變之濕性이요 心
既無迷라 卽非無明은 如風頓止요 悟後自然攀緣漸
息은 如波浪漸停이니 以戒定慧로 資熏身心하야 漸漸自
在하며 乃至神變無碍하야 普利群生을 名之爲佛이라하니
觀其設法功利컨댄 博大昭著하며 明白坦夷하야 令人易
解니 今時依言信入之者最爲心鏡矣로다

問이라 今時修心人所悟空寂靈知가 的是佛祖遞代相
傳底心인댄 則非上根之者는 不無疑惑이니 如有誠證이
어든 請試擧看하야 令絶餘疑케하소서

答이라 誠證이 雖多나 特有委悉發明之處하니 豁然可見
이리라 且如禪源諸詮集序에 云但以此方이 迷心執文하
야 以名爲體故로 達摩善巧로 揀文傳心할새 標擧其名하
고名也心是 默示其體하사대體也知是 喩以壁觀하사 令絶餘緣하시고 絶
諸緣時에 問斷滅否아 答雖絶諸緣이나 亦不斷滅이니다

---

244. 文은 『法集別行錄』의 글을 말한다.

問何以證驗코사 云不斷滅가 答了了自知언정 言不可
及이니다 師卽印云 只此是自性淸淨心이라 更勿疑也라
하시니 若所答이 不契則但遮其非하사 更令觀察케하고 畢
竟에 不與他先言知字하시고 直待他自悟하야사 方驗眞
實하리니 是親證其體然後에 印之하사 令絶餘疑故로 云
默傳心印이라하시니 所言默者는 唯默知字요 非摠不言이
니 六代相傳이 皆如此也러니 至荷澤時하야 他宗이 競播
245
하니 欲求密契호대 不遇機緣하며 又思惟達摩懸絲之記하
고

達摩云 我法이 第六代後에 命如懸絲也라하시니라

恐宗旨滅絶하야 遂言知之一字가 衆妙之門이라하사 任
學者悟之深淺하고 且務圖宗敎不斷하시니 亦是此國大
法運數所至라 一類道俗이 合得普聞故로 感應如是하

---

245. 六代相傳은 달마로부터 혜능에 이르기까지 선종의 六代가 心印法을 以心傳心한 것을
말하는데, 즉 초조 達磨, 2조 慧可, 3조 僧璨, 4조 道信, 5조 弘忍, 6조 慧能을 말한다.

니라 其默傳者는 餘人이 不知故로 以袈裟爲信이어니와 其

顯傳者는 學徒易辨일새 但以言說除疑라하니 此是密師

[246]

委示知之一字는 是佛祖代代相傳顯宗之源이라 任修

心之士가 於知字上에 隨自根堪悟之深淺하야 使宗敎

不斷이 皎如明鏡커니 何所疑焉이리오

問曰據此文義컨댄 諸代祖師正傳門中에 不與他先言

知字하시고 直待他自悟하야사 方驗眞實하리니 是親證其

體然後에 印之어늘 今見修心人호니 先以靈知之言으로

生解分別하야 觀察自心故로 只是顯傳門에 言說除疑

지 非是親證其體커니 何得名爲悟心之士耶리오

答이라 前不云乎아 若無親切返照之功하고 徒自點頭

道호대 現今能知가 是佛心者인댄 甚非得意니 豈可認目

前鑑覺하야 爲空寂靈知하야 不辨眞妄者를 爲悟心之

士耶리오 當知하라 吾所謂悟心之士者는 非但言說除

---

246. 但以此方迷心執文으로부터 但以言說除疑까지는 『禪源諸詮集都序』(大正藏 48, 405中)
의 내용이다.

疑라 直是將空寂靈知之言하야 有返照之功이요 因返
照功하야 得離念心體者也니라

然이나 上來所擧法門은 竝是爲依言生解悟入者하야 委
辨法有隨緣不變二義하고 人有頓悟漸修兩門이니 以二
義로 知一藏經論之指歸가 是自心之性相이며 以兩門으
로 見一切賢聖之軌轍이 是自行之始終이니 如是揀辨
本末了然하야 令人不迷하고 遷權就實하야 速證菩提커니와
然이나 若一向依言生解하야 不知轉身之路하면 雖終日
觀察이나 轉爲知解所縛하야 未有休歇時일새 故로 更爲
今時衲僧門下에 離言得入하야 頓亡知解之者하노니 雖
非密師所尙이나 略引祖師善知識이 以徑截方便으로 提
接學者所有言句하야 係於此後하야 令參禪峻流로 知有
出身一條活路耳로라

大慧 禪師云 圭峰은 謂之靈知라하고 荷澤은 謂之知之
²⁴⁷

一字가 衆妙之門이라하고 黃龍死心叟는 云知之一字가

衆禍之門이라하니 要見圭峰荷澤則易어니와 要見死心則

難하니 到這裏하야는 須是具超方眼호리니 說似人不得이며

傳與人不得也니라 是以로 雲門이 云大凡下語가 如當

門按劍하야 一句之下에 須有出身之路니 若不如是면

死在句下라하니라
249

六祖示衆云 有一物이 上柱天하고 下柱地하야 常在動

用中호대 動用中에 收不得이니 汝等諸人은 喚作什麽오

神會出衆云 諸佛之本源이며 神會之佛性이라한대 祖曰

我는 喚作一物이라도 尙自不中이어든 那堪喚作本源佛

性가 汝他後에 設有把茅蓋頭라도 只作得介知解宗徒
250

라하니라

---

248. 黃龍死心叟는 黃龍悟新을 말한다. 미주 제83항 참조.

249. 圭峰謂之靈知로부터 死在句下까지는 『大慧普覺禪師法語』 제16권(大正藏 47, 879中)에 나온다.

250. 有一物上柱天으로부터 只作得介知解宗徒까지는 『六祖大師法寶壇經』(宗寶 編, 大正藏 48, 359中下)에 나온 내용이다. 慧能이 神會를 知解宗徒라고 한 부분에 대해서는 미주 제4항 참조.

法眞一和尙錄에 云讓和尙이 參六祖한대 祖問曰 甚
麽處來오 讓이 曰嵩山安國師處來니이다 祖曰 什麽物
이 恁麽來오 讓이 罔措하야 於是에 執侍八年코사 方省
前話하고 乃告祖曰 某甲이 會得當初來時에 和尙이
接某甲하사대 是什麽恁麽來호이다 祖曰 你作麽生會오
讓이 云說似一物이라도 卽不中이니이다 祖曰 還假修證
否아 讓이 云修證은 卽不無어니와 汚染은 卽不得이니이다
祖曰卽此不汚染이 是諸佛之所護念이니 吾亦如是하고
汝亦如是 라하니라

藥山 和尙이 初參石頭할새 問三乘十二分敎는 某甲이
粗亦硏窮이어니와 曾聞南方에 有直指人心見性成佛호대
實未明了호니 乞師指示하소서 石頭云 恁麽也不得이며
不恁麽也不得이며 恁麽不恁麽總不得이라한대 藥山이

---

251. 讓和尙은 南嶽懷讓(677~744)을 말한다. 미주 제84항 참조.
252. 讓和尙參六祖로부터 汝亦如是까지는『六祖大師法寶壇經』(宗寶 編, 大正藏 48, 357中)
　　에 나온 내용이다.
253. 藥山은 藥山惟儼을 말한다. 미주 제85항 참조.
254. 石頭는 石頭希遷을 말한다. 미주 제86항 참조.

不契어늘 石頭云 你往江西하야 問取馬大師去하라 藥
山이 依敎하야 到馬大師處如前問한대 馬大師曰 有時엔
敎伊揚眉瞬目하며 有時엔 不敎伊揚眉瞬目하노니 有時
揚眉瞬目者는 是요 有時揚眉瞬目者는 不是라한대 藥山
이 於言下에 大悟하야 更無伎倆可呈하고 但低頭禮拜而
已어늘 馬大師曰 子見介甚麼道理관대 便禮拜오 山이
曰某在石頭和尙處하야는 如蚊子上鐵牛相似러이다 馬
大師가 然之하시다
255

大慧禪師云 二祖도 初不識達摩所示方便하야 將謂
外息諸緣하고 內心無喘을 可以說心說性하며 說道說
理라하야 引文字證據하야 欲求印可할새 所以로 達摩가 一
一裂下하사 無處用心코사 方始退步하야 思量心如墻壁
之語가 非達摩實法하고 忽然於墻壁上에 頓息諸緣하야
卽時見月亡指하고 便道了了常知故로 言之不可及이라
256

---

255. 藥山和尙初參石頭로부터 馬大師然之까지는 『大慧普覺禪師法語』 제22권(大正藏 47, 904上)에 나온 내용이다.

하니 此語도 亦是臨時하야 被達摩拶出底消息이지 亦非

二祖實法也니라

又云凡看經敎와 及古德入道因緣호대 心未明了하야 覺

得迷悶沒滋味가 如咬鐵橛相似時에 正好着力하고 第

一不得放捨어다 乃是意識이 不行하며 思想이 不到하야

絶分別滅理路處니라 尋常에 可以說得道理하며 分別得

行處는 盡是情識邊事라 往往多認賊爲子하나니 不可不

知니라
257

又云今時에 有一種剃頭外道가 自眼이 不明하고 只管

敎人으로 死獦狙地休去歇去라하나니 若如此休歇인댄 到

千佛出世라도 也休歇不得하야 轉使心頭로 迷悶耳리라

又敎人으로 管帶하야 忘情默照라하나니 照來照去하며 帶

來帶去에 轉加迷悶하야 無有了期리니 殊失祖師方便하

---

256. 二祖初不識達摩로부터 言之不可及까지는 『大慧普覺禪師書』 제27권(大正藏 47, 925中
下)에 나온 내용이다.

257. 凡看經敎로부터 不可不知까지는 『大慧普覺禪師法語』 제19권(大正藏 47, 891上)에 나
온다.

야 錯指示人이니라 又敎人으로 是事를 莫管하고 但只恁麼

歇去하라 歇得來에 情念이 不生하리니 到恁麼時하야는 不

是冥然無知라 直是惺惺歷歷이라하나니 遮般底는 更是

毒害로 瞎却人眼이라 不是小事로다 老漢도 尋常에 不是

不敎人으로 坐禪호대 向靜處做工夫언마는 此是應病與

藥이라 實無恁麼指示人處호라 不見가 黃檗和尙이 云

我此禪宗은 從上相承以來로 不曾敎人으로 求知求解

하고 只云學道라하니 早是接引之詞나 然이나 道亦不可

學이니 情存學道면 却成迷道리라 道無方所를 名大乘心

이니 此心은 不在內外中間하야 實無方所하니 第一不得

作知解어다 只是說汝如今情量處로 爲道하노니 情量이

若盡하면 心無方所리라 此道는 天眞하야 本無名字언마는

只爲世人이 不識하야 迷在情中일새 所以로 諸佛이 出來

하사 說破此事하사대 恐你不了하사 權立道名하시니 不可

守名而生解也라하시니 前來所說瞎眼漢錯指示人은 皆

是認魚目作明珠하야 守名而生解者니라 敎人管帶는

此是守目前鑑覺而生解者요 敎人으로 硬休去歇去는
此是守忘懷空寂而生解者요 敎人으로 歇到無覺無知
하야는 如土木瓦石相似하리니 當恁麼時하야 不是冥然無
知는 又是錯認方便解縛語而生解者요 敎人으로 隨緣
照顧하야 莫敎惡覺現前이라하시니 遮介는 又是認着髑髏
情識而生解者요 敎人으로 但放曠하야 任其自在하고 莫
管生心動念하라 念起念滅이 本無實體하니 若執爲實
則生死心이 生矣라하시니 遮介는 又是守自然體하야 爲
究竟法而生解者니 如上諸病은 非干學道人事라 皆
由瞎眼宗師錯指示耳니라
258
又云若要徑截理會인댄 須得遮一念子를 暴地一破하야
사 方了得生死하리니 方名悟入이어니와 然이나 切不可存
心待破니 若存心在破處면 則永劫에도 無有破時하리라
但將妄想顚倒底心과 思量分別底心과 好生惡死底

258. 今時有一種剃頭外道로부터 錯指示耳까지는 『大慧普覺禪師書』 제25권(大正藏 47, 918
上~中)에 나온다.

心과 知見解會底心과 欣靜厭鬧底心하야 一時按下하고
只就按下處하야 看介話頭를 僧이 問趙州호대 狗子도 還
有佛性也無잇가 州云無호리니 此一字子는 乃是摧許多
惡知惡覺底器仗也니 不得作有無會하며 不得作道理
會하며 不得向意根下하야 思量卜度하며 不得向揚眉瞬
目處하야 垜根하며 不得向語路上하야 作活計하며 不得
颺在無事甲裏하며 不得向擧起處承當하며 不得向文
字中引證하고 但向十二時中四威儀內하야 時時提撕하
며 時時擧覺호대 狗子도 還有佛性也無잇가 云無를 不離
日用하고 試如此做工夫어다
259

牧牛子曰此法語는 但彰八種病하니 若檢前後所說
인댄 有眞無之無와 將迷待悟等二種하니 故로 合成
十種病也니라

---

259. 若要徑截理會로부터 試如此做工夫까지는 『大慧普覺禪師書』 제26권(大正藏 47, 921下)
에 나온 내용이다.

又云趙州狗子無佛性話를 喜怒靜鬧에 亦須提撕하고
²⁶⁰ ²⁶¹

第一不得用意等悟어다 若用意等悟하면 則自謂我卽

今迷라하리니 執迷待悟하면 縱經塵劫이라도 亦不能得하리니

但擧話頭時에 略抖擻精神하야 看是箇甚麽道理호리라
²⁶²

上來所擧言句는 雖提接來機나 而旨在心識思議之

外하야 能與人去釘拔楔하며 脫籠頭卸角馱니 若善能
²⁶³ ²⁶⁴

參詳하면 可以淨盡前來佛法知解之病하고 到究竟安

樂之地也리라 須知而今末法修道之人은 先以如實知

解로 決擇自心眞妄生死本末了然하고 次以斬釘截鐵

之言으로 密密地仔細參詳하야 而有出身之處면 則可

---

260. 趙州는 趙州從諗을 말한다. 미주 제87항 참조.
261. 狗子無佛性話는 개에게 佛性이 있는가 없는가 하는 질문에 대해 有無에 사로잡히는 견해를 깨는 공안으로, 趙州從諗에 의해 시작되었다. 내용에 대해서는 미주 제88항 참조.
262. 趙州狗子無佛性話로부터 是箇甚麽道理까지는 『大慧普覺禪師法語』 제19권(蘊聞 編, 大正藏 47, 891中~下)에 나온 내용이다.
263. 去釘拔楔의 釘과 楔은 고착되어 움직이지 않는 것으로서 邪見에 대한 집착을 비유한 말이다. 때문에 사견에 대한 집착을 없애 준다는 뜻이다.
264. 脫籠頭卸角馱의 籠頭는 말의 입에 씌우는 기구며, 角馱는 말의 등에 싣는 짐을 말한다. 이는 선가에서 無明業識이나 知見의 알음알이에 덮어씌워지고 눌리어 꼼짝하지 못함을 뜻한다.

謂四稜着地_{하야} 掀揵不動_{하고} 出生入死_에 得大自在
者也_{어니와} 若只以截鐵言句_로 學脫灑知見爲懷_{하고} 未
有眞正悟處_면 則行解必然不等_{하야} 猶於生死界_에 不
得自在_{하리니} 正是古師所呵只悟得句中玄²⁶⁵者_는 摠無
佛法知見_이 在心_{하니} 是箇灑灑底衲僧_{이어니와} 雖然如
是_나 却被此知見使作_{하야} 竝無實行_{하며} 又有愛憎嗔
喜_와 人我勝負之心_{하야} 爲不悟體中玄_{하야} 心外有境_일
새 說時似悟_나 對境還迷者也_니 似此之流_는 返不如依
密師如實言敎_{하야} 專精觀察_{하야} 能伏愛憎嗔喜人我
勝負之心也_{로다} 但於佛法如實知見_에 而有出身之路
_면 則玄中玄_과 及別置一句²⁶⁶_가 自然在其中矣_{리니} 不可
將三句三玄法門²⁶⁷_{하야} 胡亂穿鑿_{하야} 而興諍論_{이어다}

---

265. 句中玄은 臨濟義玄이 수행자를 지도하는 방법으로 설한 교설인 三玄 가운데 하나다.
　　삼현은 體中玄·句中玄·玄中玄을 말하며, 玄은 심오한 도리라는 뜻이다. 체중현은
　　실현 속에 나타나는 진실, 구중현은 말이나 인식 위에 나타나는 진실, 현중현은 그 자
　　체로서의 진실을 말한다.
266. 一句는 見性悟道를 말한다. 一句는 상대적 언어란 뜻이 아니고, 어떤 句나 언어를 여
　　읜 活句임을 말한다.

若眞出世丈夫인댄 不被言說知解使作하고 卽於十二
時中觸境逢緣處에 不作世諦流布하며 亦不作佛法理
論하고 而有一條活路하야 自然見三世諸佛敗闕處와
六代祖師敗闕處와 天下善知識敗闕處하리니 然後에
運出自家財寶하야 賑濟一切면 則皇恩佛恩을 一時報
畢也리라

大安元年己巳夏月日에 海東曹溪山牧牛子知訥은
私記하노라

法集別行錄節要並入私記

---

267. 三句는 禪의 종지를 세 가지로 간명하게 나타내는 것이다. 臨濟義玄, 汾陽善昭, 大陽
警玄, 雲門文偃, 巴陵顥鑑, 玄沙師備 등도 三句를 말했다. 이 중에서 운문 三句가 유명
하여 많이 이용되고 있으며, 三玄은 臨濟義玄이 수행자를 지도하는 방편으로 설한 교
설이다. 體中玄, 句中玄, 玄中玄으로, 玄은 심원한 불교의 理法을 말한다
268. 敗闕處는 실패, 결함, 잘못, 허물 등을 가리키는 말이다.

미 주

1. 『法集別行錄』은 圭峰宗密禪師(780~841)의 저술로 당시 流行하고 있던 禪宗 중 荷澤宗(荷澤神會의 南宗)·北宗(神秀의 禪宗)·洪州宗(馬祖道一의 禪宗)·牛頭宗(牛頭法融의 禪宗)의 4종 선법을 채집하여 세상에 別行시킨 것이다.

2. 普照知訥(1158~1210)은 고려 18대 예종 2년(1158~1210)에 京西의 동주(지금의 황해도 서흥군)에서 태어났다. 知訥은 법명이고 自號는 牧牛子이며, 속성은 鄭씨로서 입적한 뒤에 佛日普照國師라는 시호를 받았다. 8세에 출가하여 宗暉에게 수학하고 16세에 구족계를 받았으며, 九山禪門 闍崛山派의 스승에게 출가하였지만 그의 배움에는 일정한 스승을 두지 않고 두루 선문의 선지식을 직접 참방하며 겸손하게 배우기를 청하였다. 25세가 되던 해 開京 普濟禪寺에서 개최한 禪科에 응시해서 합격하였지만, 禪師로 인정받고 출세가 보장된 名利의 길을 버리고 도반 몇 사람과 정혜결사를 기약한 다음 남쪽으로 유행하였다. 昌平 淸源寺에 머물면서 『六祖壇經』을 읽고 마음속에 항상 자재하는 부처가 있음을 깨닫고 契悟하였으며, 28세 때(명종 15년, 1185) 下柯山 普門寺로 거처를 옮기고 대장경을 열람하던 중 李通玄의 『新華嚴經論』을 보고 당시 선종과 교종의 대립을 극복하기 위한 해결의 실마리를 찾게 되어 禪敎會通·定慧雙修의 새로운 지도 체계를 세우게 된다. 33세 때 八公山 居祖庵에 있던 도반 득재와 定慧社를 조직하고 習定均慧에 정진하였다. 이곳에서 만 8년간 수도하다가 40세 때 시자 두어 명을 데리고 지리산 上無住庵에 은거하여 오로지 內觀에 힘썼지만 화엄 교학의 언어에 의한 논리와 사유의 자취가 끊어지지 않아 구경각을 증득하지는 못하였다. 그러다가 임제선 계통의 大慧禪師의 어록을 얻어 열람하던 중 홀연히 대오하게 되어 구경각을 얻었다. 42세가 되던 해(선종 3년, 1200) 松廣山 吉祥寺로 옮겨서 이름을 曹溪山 修禪社로 바꾸고, 頓悟漸修의 수행을 위한 정혜결사 운동을 전개하며 새로운 실천적 수행 체계인 惺寂等持門·圓頓信解門·看話徑截門이라는 3문을 세워 승속을 가리지 않고 후학을 제접하며 조계선의 선양에 힘썼다. 이곳에서 12년 간 대중을 거느리고 전법하다 53세에 법상에 올라 설법하고 대중과 문답을 마친 뒤 조용히 앉아서 열반에 드셨다. 스님의 저술로는 『眞心直說』, 『修心訣』, 『誡初心學人文』, 『圓頓成佛論』 『定慧結社文』, 『看話決疑論』, 『華嚴論節要』, 『法集別行錄節要幷入私記』, 『念佛要門』 등이 있다.

이 중 김군수의 비명에는 보조의 저술로 『結社文』과 『上堂錄』, 『法語』, 『歌頌』이 각 1권씩 있다고 한다. 이 중 『上堂錄』, 『法語』, 『歌頌』 등이 전해지지 않고 있으며, 『誡初心學人文』은 1205(48세)년에 저술한 것으로 나타나 있다. 『眞心直說』, 『修心訣』과 함께 합본되어 유통되었다. 『眞心直說』, 『修心訣』의 발간 연대는 정확히 나타나 있지 않다. 『法集別行錄節要幷入私記』는 의 저술은 보조스님이 열반하기 얼마 전인 1209년에 펴낸 책이다. 그리고 보조 사후 진각 혜심에 의하여 사후 5년 후인 1215년에 발견되어 발간된 것이 『圓頓成佛論』과 『看話決疑論』이다. 이통현의 신화엄론을 절요한 『華嚴論節要』는 간행의 서문에 희종 3년으로 되어 있어 1203년에 간행된 것을 알 수 있다. 『念佛要門』은 『念佛因由經』이라고도 하는데, 최근 일본에서 발견되어 보조의 저술이라 하나 그 진찬 여부에 대해 논란이 분분하다.

3. 荷澤神會(684~758)는 唐代 襄陽 사람으로 속성은 高씨이며, 六祖慧能의 제자이고 荷澤宗의 開祖다. 어려서 유교와 도교에 정통하였으며, 『後漢書』를 보다가 출가하여 경을 배웠다. 출가 후 荊州 玉泉寺에서 神秀를 모시던 중 神秀가 천자의 명을 받고 京師로 가게 되자 그의 지시에 따라 육조의 회상으로 가게 되었다. 육조의 법을 받은 뒤 南陽의 龍興寺에 주석하였고, 開元 20년(732) 河南省 滑臺 大雲寺에서 無遮大會를 열고 崇遠禪師와 논전을 벌여 남종이 달마의 정맥임을 주장하였으며, 또 洛陽의 荷澤寺에 주석하며 육조혜능의 頓旨를 선양하였다. 天寶 12년(753) 御史 盧奕의 무고로 여러 해 귀양살이를 하였고, 안녹산의 난 때는 군비와 군수품을 모아 헌납하기도 하였다. 742년에 저술한 『顯宗記』에서 南北頓漸의 양문을 정했으니, 곧 남방의 혜능을 頓宗으로 삼고, 북방의 신수를 漸宗으로 삼았다. 이에 '南頓北漸'이라는 명칭이 생겼으며, 힘을 다하여 신수의 漸宗을 공격했다. 이에 南宗禪은 날로 성대해지고 北宗禪은 크게 쇠퇴하였다. 上元 元年(762)에 세수 93세로 입적하니 시호는 眞宗大師다. 저서로는 『顯宗記』, 『菩提達摩南宗定是非論』, 『神會語錄』 3권 등이 있다(출전 : 『六祖大師法寶壇經』, 『圓覺經大疏鈔』 제3권, 『宋高僧傳』 제8권, 『景德傳燈錄』 제5권, 『荷澤大師神會傳』, 『祖堂集』, 제3권, 『五燈會元』 제2권).

4. 荷澤神會를 知解宗師라고 불린 연유에 대해서는 『六祖大師法寶壇經』 「頓漸」 제8(大正藏 48, 359中下)에 다음과 같은 내용이 나온다.
어느 날 慧能이 대중에게 말씀하시기를, "나에게 한 물건이 있는데, 머리도 없고 꼬리도 없고 이름도 없고 문자도 없으며 등도 없고 얼굴도 없다. 너희들 중에 이게 뭔지 아는 자가 있느냐"? 하였다. 그러자 神會가 앞으로 나와 말하기를, "그것은 모든 부처의 근본 성품이자 저의 불성입니다." 혜능이 말씀하시기를, "내가 한 물건이라고 하였지만 그 말도 맞지 않는데, 너는 어째서 부처의 근본 성품이라고 말하였느냐? 너는 이 다음에 띠풀로 머리를 덮더라도 다만 지해의 종도 밖에는 되지 않을 것이다."라고 하였다. 혜능이 입적한 후 신회는 장안과 낙양으로 가서 크게 曹溪의 頓敎를 퍼트렸다(一日 師告衆曰 吾有一物 無頭無尾 無名無字 無背無面 諸人還識否 神會出曰 是諸佛之本源 神會之佛性 師曰. 向汝道 無名無字 汝便喚作本源佛性 汝向去有把茆蓋頭 也只成箇知解宗徒 祖師滅後會入京洛 大弘曹溪頓敎).

5. 圭峰宗密(780~841)은 華嚴宗 제5조이며, 禪宗으로는 荷澤宗스님이다. 화엄종의 계보로는 杜順-智儼-法藏-澄觀-宗密이며, 선종 계보로는 神會-南印-道圓-宗密로 이어진다. 속성은 何씨이고, 號는 圭峰이며, 順慶府 果州 西允縣 출신이다. 어려서부터 유학과 불교 경론을 공부하고 23세에 사천성 遂州의 義學院에서 유학을 연구하였으며, 28세(807)에 과거를 보러 가다가 遂州道圓을 만나 출가하여 元和 3년(808) 道圓에게 구족계를 받았다. 그 후 道圓의 권유로 淨衆寺 荊南張(神會의 제자)을 참례하였다. 그 뒤 어느 날 신도의 齋에 가서 『圓覺經』을 받게 되었고, 읽기 시작한 지 얼마 되지 않아 크게 깨우쳤다. 후에 澄觀의 제자가 되어 『華嚴經』의 깊은 이치를 연구하고 華嚴五祖가 되었으며, 항상 禪敎一致를 주장하였다. 長慶 원년(821) 圭峰의 草堂寺로 퇴거하여 禪敎一致에 바탕을 둔 저술에 힘썼으며, 재상 裵休와는 方外의 벗으로 깊이 교류하였다. 太和 2년(828)에는 文宗으로부터 紫衣와 大德이라는 호를 하사받았고, 會昌 원년 1월 6일 세수 62세로 興福院에서 입적하자 裵休가 그 탑 명을 지었다. 『禪源諸詮集』100권을 편찬하였으며, 저서로 『圓覺經大疏抄』13권, 『原人論』1권, 『金剛經纂要』, 『華嚴綸貫』15권, 『唯識論疏』2권, 『四分律疏』3권, 『中華傳心地禪門師資承襲圖』, 『禪源諸詮集都序』4권 등 200여 권이 있다. 會昌 원년 1월 興福塔院에서 62세로 입적하자 宣宗이 定慧禪師라 시호하였다. 855년 裵休가 칙명에 따라 碑銘을 지었는데, 陝西省 終南山 草堂寺에 현존한다(출전 : 『全唐文』 제743 圭峰禪師塔銘, 『宋高僧傳』 제6권, 『祖堂集』 제6권, 『傳燈錄』 제13권, 『佛祖統紀』 제29권, 『佛祖歷代通載』 제16권).

6. 文字指歸에 대해 『宗鏡錄』 제15권(大正藏 48, 498下)에서는 다음과 같은 말이 나온다. "그러므로 육조가 이르기를, '본래의 성품에는 스스로 반야의 지혜가 있으므로 스스로 그 지혜로서 관조할지언정 문자를 빌리지 않는다.'고 했다. 만약 이와 같다면 무엇 때문에 다시 문자를 쓰는 것인가, 지금은 아직 모르는 이를 위하여 임시로 문자로서 귀결점을 지시하여 제 성품을 보게 하려는 것이다. 만약 깨달았을 때는 곧 바로 확연히 환해져서 도리어 본마음을 얻게 되므로 본 마음속에서는 법마다 두루 다 알게 되는 것이다(故六祖云 本性自有般若之智 自用智慧觀照 不假文字 若如是者 何用更立文字 今爲未知者 假以文字指歸 令見自性 若發明時 卽是豁然還得本心 於本心中 無法不了)."라고 하였다.

7. 大通神秀(?~706)는 唐代스님으로 北宗禪의 개조이며, 大通은 시호다. 속성은 李氏고,

하남성 尉氏縣 출신이다. 張說이 지은 비문에 의하면 그는 어려서 유학의 經史를 배웠으며, 老莊의 玄旨, 書經과 易經의 大義, 三乘의 經論, 四分律儀, 訓詁, 音韻에 두루 통달했다고 한다. 武德 8년(625) 낙양의 天宮寺에서 출가하여 여러 스승들에게 參學하였으며, 五祖 弘忍의 문하에 들어가 홍인의 법을 이었다. 홍인은 그의 기량을 익히 알고 아꼈으며, "나의 문하에 수많은 사람들이 있지만 懸解圓照에 있어 神秀를 따를 사람이 없다."라고 하였다. 則天武后도 그의 명성을 듣고 궁중으로 초청하여 법요를 들었다. 神龍 2년(706) 2월 28일 낙양 天寶寺에서 입적하였다. 하택신회가 滑臺 大雲寺에서 논쟁을 벌여 남종이 크게 융성하기 이전까지 신수의 북종은 스스로 홍인의 법을 이은 정통이라는 의식을 가지고 있었다. 저서로는 『觀心論』 『大乘無生方便論』, 『華嚴經疏』, 『妙理圓成觀』이 있다(출전 : 『高僧傳』 제8권, 『景德傳燈錄』 제4권, 『五燈會元』 제2권).

8. 任迷任悟 靈知不昧에 대한 전거로 『宗鏡錄』 제34권(大正藏 48, 614中)에 다음과 같은 내용이 있다.

"두 번째로 말하기를, '모든 법이 꿈과 같다는 것은 모든 성인이 한결같이 말씀하신 것이다. 망념은 본래부터 고요하고 티끌의 경계는 본래부터 공하다. 본래 공한 마음은 신령하게 알아 어둡지 않나니, 바로 이 공하고 고요한 앎이 곧 너의 참 성품이다. 미혹해 있거나 깨달았거나 마음은 본래부터 스스로 알아서 인연을 빌려서 나지도 않고 경계로 인하여 일어나지도 않는다(二云 諸法如夢 諸聖同說 妄念本寂 塵境本空 本空之心 靈知不昧 卽此空寂之知 是汝眞性 任迷任悟 心本自知 不藉緣生 不因境起)."

9. 馬鳴(Aśvaghoṣa)은 중인도 사위성 출신이며, 생몰 연대는 불명확하나 불멸 후 600년경에 출현했다는 설이 있다 『望月佛敎大辭典』 연표에는 111년에 出世한 것으로 되어 있다). 脇尊者의 제자(富那耶奢의 제자라는 설도 있다)로서 선가에서는 그를 서천 제12조로 여긴다. 북인도 월지국의 카니시카 왕의 보호를 받으며 교화를 펼쳤다. 마명은 '賴吒和羅'라는 가곡을 지어 직접 악기를 연주하고 다니면서 널리 교화하여 왕사성에서 500명의 왕자를 출가시켰다고 한다. 마명의 이름에 얽힌 이야기로 어느 날 왕은 마명이 설법하는 자리에 여러 날 굶긴 말을 끌어다 놓고 풀을 주었다. 하지만 말들은 풀을 먹지 않고 공순하게 법을 들으며 슬피 울었다 하여 그를 馬鳴이라 불렀다고 한다. 저서로는 『健稚梵讚』, 『大乘起信論』 1권, 『佛所行讚』 5권, 『大莊嚴論經』 15권, 『大宗地玄文本論』이 알려져 있는데, 『大乘起信論』과 『大宗地玄文本論』은 그의 저작이 아니라 동명이인의 저술이라는 설도 있다. 『釋摩訶衍論』에 따르면 여섯 명의 馬鳴이 있었다고 한다. (출전 : 『付法藏因緣傳』 제5권, 『景德傳燈錄』 제1권, 『馬鳴菩薩傳』 제5권)

10. 衆生心에 대해 『大乘起信論』(大正藏 32, 575下)은 다음과 같이 설명하였다. "마하연이란 일심의 총체적인 모습이며, 이를 구별하여 설명한다면 두 가지가 있다. 이 두 가지는 무엇인가. 첫째는 법이며, 둘째는 그 의미다. 법이란 중생심을 말하는 것이니, 이 중

생심이 일체의 세간법과 출세간법을 거두어들이기 때문이다. 또한, 이 마음에 의지하여 대승의 의미를 환하게 드러낸다. 왜냐하면 중생심 가운데 진여의 모습은 바로 대승 자체를 나타내는 것이기 때문이며, 이 마음이 생멸하는 인연의 차별적인 모습은 대승 자체의 그 모습과 그 작용을 보이는 것이기 때문이다(摩訶衍者 總說有二種 云何爲二 一者法 二者義 所言法者 謂衆生心 是心則攝一切世間法出世間法 依於此心顯示摩訶衍義 何以故 是心眞如相 卽示摩訶衍體故 是心生滅因緣相 能示摩訶衍自體相用故)."라고 설명하고 있다.

이러한 중생심을 諸法에 있어서는 法性・眞如라 하고, 중생에 있어서는 佛性・如來藏・自性淸淨心이라고 한다. 華嚴宗에서는 이 중생심을 如來藏心이라 하여 대승법의 본체로 보며, 天台宗에서는 妄心, 즉 모든 介爾陰妄의 마음이라 하여 일상적 망심이라 하고, 이 가운데 모든 것을 갖추었다고 해서 大乘法의 본체라고 한다. 또, 法相宗에서는 망심인 阿賴耶識의 一心이라고 한다.

11. 惡趣(durgati)는 惡道라고도 하는데, 善趣와는 대칭이 되는 말이다. 趣는 범어 gati의 번역으로 道라고 번역한다. 趣는 중생 자신이 지은 행위인 업에 이끌려 가는 生存의 상태, 즉 스스로의 행위에 의해 스스로 만들어 가는 생존의 상태나 그 세계를 말하기도 한다. 지옥・아귀・축생・아수라・인간・天을 六趣라 하고, 六趣 가운데 아수라를 빼고 五趣라고도 한다. 대승에서는 六趣說을 많이 말하고 小乘에서는 五趣說을 말한다. 五趣說의 경우 아수라는 餓鬼・하늘 가운데 포함된다. 五趣를 五惡趣라고 하는 것은 無漏・無爲의 淨土에 대해서 有漏・生死의 穢土이기 때문이다. 天・人・아수라는 善業에 의해서 나는 곳이므로 三善趣(三善業)이라고 하고, 지옥・아귀・축생은 惡業에 의해서 태어나는 곳이므로 三惡趣(三惡道)라고 하며, 三惡趣에 아수라를 더해서 四惡趣라고도 한다(출전 :『無量壽經』하권,『阿毘達磨法蘊足論』제9권,『大毘婆沙論』제172권,『俱舍論光記』제8권,『俱舍論寶疏』제8권).

12. 自性淸淨心이란 우리 본래의 마음 바탕이 청정하다는 뜻이다. 이것을 心性本淸이라고 하고 이 마음을 自性淸淨心이라고 한다. 部派佛敎에서는 大衆部가 이것을 주장하고, 大乘에서는 이 마음을 如來藏心, 佛性, 眞如, 法界, 法性 등이라 이름한다. 마음은 본래 청정하지만 현실에 있어서는 번뇌에 뒤덮여 오염되어 있다. 번뇌는 본래 마음에 있는 것이 아니라 客과 같이 밖에서 오는 것이므로 客塵煩惱라고 한다(心雖爲本來淸淨 惟於現實中被吾人之煩惱所覆隱染汚 又吾人之煩惱乃本來所無 係如客之自外來始有 故稱客塵煩惱). (출전 :『說無垢稱經』제2권,『大乘入楞伽經』제7권,『大乘起信論』,『成唯識論』제2권).

13. 無念爲宗과 관련된 자료로 敦煌本『六祖壇經』에 "無念爲宗 無相爲體 無住爲本" 구절이 있다. 또, 神會의『南陽和尙頓敎解脫禪門直了性壇語』에 다음과 같은 내용이 있다.

"본체는 寂靜하고 텅 비어서 소유할 수 없고 머무를 수 없으며, 허공과 같아서 어느 곳이든 두루하니 곧 모든 부처님의 眞如身이다. 따라서, 眞如는 無念을 본체로 한다. 이러한 이치 때문에 無念을 세워서 宗으로 삼는다."

또,『荷澤大師顯宗記』(大正藏 51, 458下)에서는 "無念이 종지이고, 無作이 근본이며, 眞空이 본체이고, 妙有가 작용이다(無念爲宗 無作爲本 眞空爲體 妙有爲用)."하였다.

14. 北宗 또는 北宗禪은 南宗禪과 대칭되는 말로서 禪宗의 五祖 弘忍 문하의 大通神秀가 북방에서 法을 홍포했기 때문에 北宗이라고 칭한다. 弘忍이 입적한 후 神秀는 湖北의 當陽山으로 옮겨 漸悟說을 강하게 주장했기 때문에 그 교설이 長安과 洛陽 등 북지에서 성행하였으며, 남방에서는 弘忍의 전법을 받은 六祖 慧能이 廣東省 曹溪山에서 설법 교화하면서 頓悟의 사상을 주장했기 때문에 이것을 남종선이라 하고 성행하게 되었다. 漸悟說과 頓悟說이 남종, 북종으로 나뉘어지고 南頓北漸이라는 명칭이 생기게 되면서 北宗이라는 명칭은 신수 계통에서 자칭해서 부른 것이 아니라, 혜능계 제자인 荷澤神會가 자기의 종파를 정통 법계라 주장하며 '남종'이라 하고, 북지에서 전한 漸悟의 법문을 폄하하여 '북종'이라 불렀던 것이다.

神秀는 則天武后, 中宗, 睿宗의 3대에 걸쳐 國師가 되었으며, 그 문하에 普寂, 敬賢, 義福, 玉山惠福 등 4인의 뛰어난 제자가 있어 장안과 낙양을 중심으로 宗風을 드날렸다. 그러나 북종은 會昌法難으로 남종이 융성하게 되고 더불어 神會의 배척 등이 원인이 되어 점차 쇠퇴되어 당 말에 이르러서는 마침내 그 전승이 끊어지게 되었다. 북종파 전승과 관련된 史書로는『楞伽師資記』,『傳法寶紀』가 있다.

15. 洪州는 江西 南昌縣의 통칭이다. 그 지방에 馬祖가 머물렀던 開元寺, 石門寺, 寶峯寺와 百丈懷海가 머물렀던 百丈山 大智壽聖寺와 황용혜남이 머물렀던 黃龍山 崇恩寺 등의 명찰이 있고, 마조는 한결같이 홍주 지방에 머물면서 선풍을 크게 선양해 그 문파를 홍주종이라 칭한다. 이 宗派에서는 一切의 起心動念이나 揚眉瞬目 등의 일상생활이 모두 이 佛性의 現顯이라고 주장하여, 일상의 分別動作이 다 허망하다고 주장하는 북종이나 一切가 다 꿈과 같고 本來無事라는 관점의 牛頭宗과는 상대되었다. 후세 마조의 법계는 선종의 正系가 되고, 荷澤을 계승한 宗密의 법계는 傍出이 되었다.

16. 如來藏(tathāgata-garbha)은 모든 중생의 煩惱身에 감추어져 있는 본래 청정한 여래법신을 말한다. 여래장은 비록 번뇌에 덮여 감추어져 있어도 번뇌에 더럽혀지지 않고, 본래부터 청정하여 영원히 변하지 않는 본성을 온전히 갖추고 있다. 모든 더러움과 청정한 현상이 모두 여래장을 반연하여 일어난다는 설을 如來藏緣起라고 한다.

『勝鬘經』「法身章」(大正藏 12, 221下)에서는 "여래법신이 煩惱藏을 여의지 않는 것을 如來藏이라 한다."했고,『大方等如來藏經』에서도 연꽃 가운데 계신 화신불, 벼랑 끝 나무 속 벌꿀, 변소에 빠진 황금, 더러운 천에 싸여있는 황금상, 비천한 여자가 임신한 귀한 후손, 암라나무의 열매 등 아홉 가지 비유를 열거하여 여래장의 뜻을 자세히 설명했다. 또, 『圓覺經大疏』上권(卍續藏經 14, 271下)에서는 "法界性과 如來藏心은 본체는 동일하지만 그 뜻은 다르며, 뜻이 다른 것에는 두 가지가 있다. 첫째, 유정의 부류에 속한 것을 여래장이라 하고 유정이 아닌 부류에 속한 것은 法界性 이라 부르니, 예를 들면 『智度論』에서 佛性과 法性의 차이점을 밝힌 것과 같다. 둘째, 法界性은 유정과 器界가 서로 어우러지고 안의 마음과 바깥의 경계가 서로 분리되지 않는 것을 말한다. 그리고 如來藏은 모든 부처님과 중생의 청정한 본원인 心体만을 말하는데, 예를 들면 선업과 악업을 스스로 짓고 나쁜 것을 보면 싫어하고 좋은 것을 보면 구하는 마음을 일으키는 작용을 말한다. 法界性에는 心体의 작용이 없다."고 하였다.

또, 『佛性論』제2권 「如來藏品」에서는 "藏에 세 가지 뜻이 있다. 첫째, 所攝藏이니 모든 중생은 여래의 지혜 속에 다 거두어진다. 둘째, 隱覆藏이니 여래의 법신은 인위·과위에 상관없이 변하지 않으나 중생은 번뇌에 덮여 있어 보지 못한다. 셋째, 能攝藏이니 여래의 果德은 모두 범부의 마음속에 있다"고 하였고(大正藏 31, 795下), 『佛性論』「自體相品」에서는 "藏에 自性·因·至得·眞實·祕密 등의 다섯 가지 뜻이 있다. 첫째, 만유는 모두 여래의 자성에 지나지 않으니 自性의 이치로서 如來藏이라고 한다. 둘째, 藏은 성인이 정법을 수행해서 대경을 생기게 하니 경계를 생기게 하는 因의 이치로서 正法藏이라 하고 혹은 法界藏이라 한다. 셋째, 이 藏을 믿음으로 인해 여래법신의 果德을 얻으니, 至得의 이치로서 法身藏이라 한다. 넷째, 이 藏은 세간의 모든 허위를 초월했으니 眞實의 이치로서 出世藏이라 하고 혹은 出世間上上藏이라 한다. 다섯째, 모든 법이 이 藏을 수순하면 청정해지고 어기면 더럽고 탁해지니 祕密한 이치로서 自性淸淨藏이라 한다."고 하였다. 이 如來藏思想은 인도에서 唯識說보다 조금 앞선 시기에 성립한 것으로 추정된다.(大正藏 31, 796中)

17. 『楞伽阿跋多羅寶經』제4권, 「一切佛語心品」 4(大正藏 16, 510中).
"부처님께서 大慧에게 이르셨다. '여래의 藏은 善과 不善의 원인이니 능히 일체중생취를 만들어낸다. 비유하건대, 伎兒가 변화하여 모든 중생취를 나타내는 것과 같아 我와 我所를 여의고, 그것을 깨닫지 못하는 까닭으로 세 가지 緣과 화합한 방편으로 생긴 것을 외도는 깨닫지 못하고 계속 짓는 것이다. 끝없는 예로부터 허위인 악습에 熏習된 것을 이름해서 識藏이라 한다.'(佛告大慧 如來之藏是善不善因 能遍興造一切趣生 譬如伎兒變現諸趣離我我所 不覺彼故 三緣和合方便而生 外道不覺計著作者 爲無始虛僞惡習所薰 名爲識藏)."
『楞伽阿跋多羅寶經』제4권, 「一切佛語心品」 제4(大正藏 16, 512中). "대혜야, 칠식이라는 것은 유전하지 않고 고락을 받지 아니하고 열반의 因이 아니다. 대혜야, 여래장이라는 것은 괴로움과 즐거움을 받는 것이 因과 함께 하며 생기기도 하고 없어지기도 한다.

四住地와 無明住地에 빠진 어리석은 범부는 깨닫지 못하고 찰나에 망상으로 마음을 훈습한다(大慧 七識不流轉 不受苦樂 非涅槃因 大慧 如來藏者 受苦樂與因俱 若生若滅 四住地無明住地所醉 凡愚不覺 刹那見妄想動心)."

18. 『圓悟佛果禪師語錄』제15권(大正藏 47, 784上) 示曾待制에 다음과 같은 내용이 있다. "馬祖스님은 일찍이 『楞伽經』에 '부처님은 마음을 말하는 것으로 으뜸을 삼았다.'는 구절과 '법문을 삼았다'는 구절을 듣고서 말하기를, '여러분은 부처님의 말씀과 마음을 알고 싶은가? 여러분이 지금 하는 말이 마음이며, 마음이 바로 부처다. 그러므로 부처님의 말씀과 마음이 종지이며, 이 종지는 無門이 바로 법문이다.'라고 하셨다(馬大師嘗擧 楞伽經 以佛語心爲宗 無門爲法門 乃云 諸人要識佛語心麼 只爾如今語便是心 心便是佛 故云佛語心乃是宗也)."

19. 『楞伽阿跋多羅寶經』제2권, 「一切佛語心品」제2(大正藏 16, 493上-中). "대혜야, 性도 아니고 性 아닌 것도 아니니 단지 말뿐이다. 네가 말한 바와 같이 말에 자성이 있어 모든 것에 性이 있다면 너의 이론은 무너진다. 대혜야, 일체 국토에 말이 있는 것이 아니다. 말이란 곧 모습을 지을 뿐이다. 혹, 어떤 국토에서는 바라보기만 하여도 법이 드러난다. 어떤 국토에서는 모습을 짓기도 하고, 눈썹을 치켜올리기도 하며, 눈동자를 굴리기도 하고, 웃기도 하며, 하품을 하기도 하고, 헛기침을 하기도 하고, 혹 어떤 국토에서는 생각만 하기도 하며, 혹 움직이기도 한다. 대혜야, 바라본다는 것은 향적세계나 보현여래의 국토에서 다만 바라보기만 함으로써 모든 보살로 하여금 무생법인과 수승한 삼매를 얻게 하는 것이다. 이런 연고로 말에 성품이 있고 모든 법이 성품이 있는 것이 아니다(大慧 非性非非性但言說耳 如汝所說 言說自性 有一切性者 汝論則壞 大慧 非一切刹土有言說 言說者 是作相耳 或有佛刹瞻視顯法 或有作相 或有揚眉 或有動睛 或笑或欠 或謦咳 或念刹土 或動搖 大慧 如瞻視及香積世界 普賢如來國土但以瞻視 令諸菩薩得無生法忍 及殊勝三昧 是故非言說有性有一切性)."

20. 本來無事와 관련된 자료로 『傳心法要』(大正藏 48, 382下)에서는 "안팎으로 끄달리는 망정이 다하여 의지하고 집착하는 마음이 전혀 없으면 아무 일도 없는 사람이다(表裏情盡都無依執 是無事人)."라고 하였고, 『臨濟錄』(大正藏 47, 498中)에서는 "수행자 들이여! 대장부가 본래 아무 일도 없는 줄을 오늘에야 알았다(道流 大丈夫兒 今日 方知本來無事)."라고 하였다. 『圓覺經大疏鈔』제3권(卍續藏經 14, 557下~558上)에서는 이를 牛頭禪의 수행법이라 하고, 본래 아무 일이 없어 妄情을 잊고 妄心을 쉬어 일으키지 않는 것이라 하였다. 마음과 대상에 대해 있다거나 없다는 생각을 일으키는 것은 모두 미혹한 妄情 때문이다. 그러므로 몸과 마음에 대한 미혹한 妄情이 없어지면 妄心은 저절로 의지할 곳이 없어져 본래 아무 일도 없는 이치를 증득하게 된다고 설명하였다.

21. 牛頭法融(594~657)은 隋나라 말 당나라 초기의 스님으로 牛頭宗의 개산조이며, 牛頭
는 주석했던 산 이름이다. 속성은 韋氏고 江蘇省 潤州 延陵 출신이며, 처음에는 유교를
공부하다가 강소성 矛山의 靈法師를 만나 출가하였다. 산 속에서 정진수행하기를 20년,
貞觀 17년(643)에 건강부 남경의 牛頭山 幽棲寺로 들어가 北巖 아래 따로 禪室을 짓고
禪觀을 닦으니 사방에서 100여 명의 납자들이 모여들었다. 이에 4조 道信이 이를 듣고
그에게 가서 僧璨에게서 전수 받은 頓教法門을 부촉하니 이후로 이 山을 중심으로 한
法系를 牛頭宗이라 칭하였다. 이 우두종 세력이 한때는 번성하였으나, 송대 이후 점차
쇠퇴하였다. 정관 21년에는 유서사에서 『法華經』을 강설하고, 永徽 3년(652)에 邑宰의
청에 따라 강소성 건업의 建初寺에서 『大品般若經』을 강설하였으며, 이즈음 江寧令인
李修本의 청으로 『大集經』을 강설하였다. 顯慶 元年(656)에 肅元善의 청으로 건초사에
머물다 顯慶 2년 閏正月 23일에 세수 64세, 법랍 41세로 입적하였다. 제자로는 道綦, 道
憑, 智嚴 등이 있으며, 저서로는 『絶觀論』 1권이 있다(출전 : 『祖堂集』, 『宋高僧傳』, 『塔
銘』, 『弘贊法華傳』, 『傳燈錄』, 『佛祖歷代通載』, 『釋氏稽古略』).

22. 『禪源諸詮集都序』 상권, 제2(大正藏 48, 402下).

"泯絶無寄宗이라는 것은 말씀하시기를 범부와 성인 등 법이 다 夢幻과 같아서 모든
있는 바가 없어서 본래 공적하며, 지금 비로소 없는 것이 아니며, 곧 이에 無二를 통달
한 지혜 또한 不可得이라. 평등한 법계에 佛도 없고 衆生도 없으며, 법계 또한 이 가명
이라. 心은 이미 있는 것도 아닌데 누가 法界를 말할 수 있겠는가. 닦거나 닦지 않음이
없으며, 불이거나 불 아님도 없으며, 설사 어떤 한 법이 열반보다도 수승하다고 할지라
도 내가 말하기를 夢幻과 같다함이라. 법은 가히 구속할 것도 없고 불은 가히 지을 것
도 없으며, 무릇 지을 바가 있다면 이것은 다 미망이다. 이와 같이 본래 할 일이 없음을
통달하여 마음에 의지할 바가 없어야 顚倒妄想을 벗어나 비로소 해탈이라고 할 수 있
다. 石頭希遷과 牛頭法融으로부터 徑山에 이르기까지 이 도리를 다 보여주고, 마음과
행으로 하여금 이에 더불어 서로 응해서 정으로 하여금 한 법 위에도 걸리지 않게 하
며, 날이 오래고 공덕이 쌓임에 번뇌와 습기가 다 스스로 없어지며, 곧 원수와 친한 이
와 괴로움과 즐거움 일체가 다 걸림이 없음이라. 이로 인해서 다시 한 류의 도사와 유
생과 한적한 승려와 평범히 선리를 참구하는 자가 다 설하여 말씀하시기를 다시 臻極
이 됨이니, 此宗을 알지 못함이라. 다만, 이 말로서 법을 삼지 아니함이다. 하택스님과
강서스님과 천태스님 등의 문하에서도 또한 이 이치를 설하였다(泯絶無寄宗者 說凡聖
等法 皆如夢幻都無所有 本來空寂非今始無 卽此達無之智亦不可得 平等法界無佛 無眾生
法界亦是假名 心旣不有 誰言法界無修不修無佛不佛 設有一法勝過涅槃 我說亦如夢幻 無
法可拘無佛可作 凡有所作皆是迷妄 如此了達本來無事 心無所寄方免顚倒 始名解脫 石頭
牛頭下至徑山 皆示此理 便令心行與此相應 不令滯情於一法上 日久功至塵習自亡 則於怨

親苦樂一切無礙 因此便有 一類道士儒生閑僧汎參禪理者 皆說此言 便爲臻極不知此宗 不但以此言爲法 荷澤江西天台等門下亦說此理)."

23. 『禪源諸詮集都序』 상권, 제2(大正藏 48, 402下~403上).

세 번째 직현심성종이라는 것은 一切諸法이 有든 空이든 모두 오직 眞性임을 說함이라, 眞性은 無相無爲로서 體는 일체가 아님이니 체는 어떤 모습을 띠고 있는 것이 아니다. 이르기를, 범부도 성인도 因도 果도 善도 惡이 아님이라. 그러나 체의 작용으로써 능히 갖가지를 지으니, 凡도 짓고 聖도 지으며 색이나 상도 나타낸다.

이 가운데 심성을 가리키는 데 두 가지 종류가 있으니, 첫째 지금 이 자리에서 능히 말하고 움직이고 탐진이나 慈忍을 쓰며 선악을 짓고 고락을 받는 것 등이 곧 너의 불성이며, 곧 이것이 본래의 부처다. 이것을 제거해도 달리 부처가 없으니, 이 천진자연을 요달하면 일부러 가히 마음을 일으켜 도를 닦지 않나니, 도는 곧 이 마음이라. 마음을 가지고 도리어 마음 닦음은 옳지 않다. 악 또한 이 마음이라. 마음을 가지고 도리어 마음 끊음은 옳지 않다. 끊지도 않고 닦지도 않으며 任運自在해야 해탈이라고 이름할 수 있다. 성풍은 허공과 같아서 늘어나는 것도 줄어드는 것도 아니다. 어찌 添補를 가자 하겠는가. 다만 수시로 곳을 따라 업을 쉬고 정신을 길러서 성현의 태가 증장하며 자연히 신통변화를 발현하리니, 이것은 곧 진실된 깨달음이며 진신된 닦음이며 진실로 증득함이 된다.

둘째, 제법은 꿈과 같음을 모든 성인이 한가지로 설함이라. 그런 까닭으로 망념이 본래 고요하고 塵境이 본래 공적함이라. 공적한 마음이 신령스럽게 알아 어둡지 않아 이 공적을 아는 것이 곧 너의 眞性이다. 미함에 맡기고 깨달음에 맡겨서 마음이 본래 스스로 아나니 인연을 의지 하여 생하는 것이 아니며, 경계로 인해 일어나는 것이 아니다. 知의 一字가 여러 가지 신묘한 문이다. 무시이래 미한 까닭으로 망녕되이 身心에 집착하여 我를 삼아 탐심과 진심 등의 생각을 일으키니, 만약 善友의 開示함을 얻어 문득 空寂의 知見을 깨닫는다면 이 知見 또한 생각도 없고 형상도 없으니 누가 我相 人相이 될 것이리요. 모든 相이 이 空함을 깨달아 마음이 스스로 생각이 없으며 생각이 일어난 즉 깨닫고 깨달으면 곧 없음이라. 수행하는 妙門이 오직 여기에 있다. 그러므로 비록 만행을 닦아 갖추었으나 오직 무념으로써 宗을 삼음이라. 다만 無念의 知見을 얻으면, 곧 사랑하고 미워하는 것이 자연히 담박하고, 자비와 지혜가 자연히 增明하며, 죄업이 자연히 斷除하고, 공행이 자연히 增進하며, 이미 諸相이 相 아님을 깨달으며, 닦되 닦음이 없어서 번뇌가 다할 때 생사가 곧 끊어지며, 生滅이 滅하여 마치며, 寂照가 앞에 나타나 用事에 응하여 다함이 없음을 이름하여 佛이라 함이라. 그러나 이 두 부류는 다 相을 모아 性에 돌아감이라. 그런 까닭으로 동일한 종이다. 그러나 위의 삼종 가운데 다시 敎를 준수함과 敎를 싫어하는 것과 형상을 따르는 것과 형상을 헐뜯는 것과 바깥

難을 막는 문호와 바깥 대중을 영접하는 그 선교와 제자를 가르치는 儀軌가 갖가지 같지 않음이 있으나, 모두 이것은 二利行門에 각각 그 편의함을 따른 것이라 잃은 바가 없건만 宗하는 바 그 이치는 곧 합당히 둘이 아니므로 모름지기 부처님을 잡아 和會함이니라(三直顯心性宗者 說一切諸法若有若空皆唯眞性 眞性無相無爲 體非一切 謂非凡非聖非因非果非善非惡等 然卽體之用而能造作種種 謂能凡能聖現色現相等 於中指示心性 復有二類 一云 卽今能語言動作貪嗔慈忍造善惡受苦樂等 卽汝佛性 卽此本來是佛 除此無別佛也 了此天眞自然 故不可起心修道 道卽是心 不可將心還修於心 惡亦是心 不可將心還斷於心 不斷不修任運自在 方名解脫 性如虛空不增不減 何假添補 但隨時隨處息業 養神聖胎增長 顯發自然神妙 此卽是爲眞悟眞修眞證也 二云諸法如夢 諸聖同說 故妄念本寂塵境本空 空寂之心靈知不昧 卽此空寂之知 是汝眞性 任迷任悟心本自知 不藉緣生不因境起 知之一字衆妙之門 由無始迷之故 妄執身心爲我起貪嗔等念 若得善友開示 頓悟空寂之知 知且無念無形 誰爲我相人相 覺諸相空心自無念 念起卽覺 覺之卽無修行妙門唯在此也 故雖備修萬行 唯以無念爲宗 但得無念知見 則愛惡自然淡泊 悲智自然增明 罪業自然斷除 功行自然增進 旣了諸相非相 自然無修之修 煩惱盡時生死卽絶 生滅滅已 寂照現前 應用無窮 名之爲佛 然此兩家皆會相歸性 故同一宗 然上三宗中 復有遵敎慢敎 隨相毀相 拒外難之門戶 接外衆之善巧 敎弟子之儀軌 種種不同 皆是二利行門各隨其便 亦無所失 但所宗之理卽不合有二 故須約佛和會也)."

24. 馬祖道一(709~788)은 唐代 스님으로 南嶽懷讓의 제자(新羅僧 淨衆寺 無相의 제자라는 설도 있다)이며, 江西省 南昌府 新建縣의 동쪽 開元寺에 주로 주석하였으므로 江西 혹은 洪州라 불렸다. 속성은 馬씨, 字는 江西, 諱는 道一, 號는 馬祖이며, 漢州(四川省) 什邡 출신이다. 용모가 기이하여 소걸음에 호랑이 눈이었으며, 혀가 길고 발에 二輪文이 있었다고 한다. 어려서 九流六學을 연구하고 근처의 羅漢寺 資州處寂에게 출가하였다가 뒤에 南嶽에서 六祖의 제자 懷讓이 수도한다는 말을 듣고 찾아가 심인을 얻었다. 이 과정에서 있었던 "南岳磨磚"의 유명한 고사가 전해 온다.

天寶 원년(742) 建陽 佛蹟巖에서 개법한 후 大曆 4년(769) 鍾陵(江西省) 開元寺에 주석하며 종풍을 선양하였다. 이에 세상 사람들이 그의 주석처를 의거해 江西 혹은 洪州라 불렀다. 만년에 泐潭(靖安縣) 石門山 寶峰寺에 머물다가 貞元 4년 2월에 세수 80세로 입적하였다. 憲宗이 大寂禪師라는 시호를 내리고, 문인 權德輿가 '塔銘幷序'를 지어 石門山에 탑을 세웠으며, 후에 宋의 徽宗이 재차 祖印이라는 시호를 내렸다. 그의 가풍은 '平常心是道', '卽心是佛'을 표방하는 大機大用이었으며, 당시 사람들이 江西馬祖와 湖南石頭를 선계의 쌍벽이라 칭하였다. 문하에서 百丈懷海, 西堂智藏, 南泉普願, 鹽官齊安, 大梅法常 등 훌륭한 선사들이 많이 배출되었다(출전 : 『宋高僧傳』 제10권, 『景德傳燈錄』 제6권, 『傳法正宗記』, 『五燈會元』 제3권).

25. 宗密은『都序』에서 三點을 禪의 三宗에 비유하였다. 실담 伊字는 세 점으로 이루어지고, 이 세 점은 정삼각형 모양이다. 이는 사물의 같지도 않고 다르지도 않고, 前도 아니고 後도 아닌 것을 비유한다. 南本『大般涅槃經』제2권의 내용에 의거하면 摩醯首羅의 얼굴에 세 개의 눈이 있는데 그 형상이 伊字의 세 점과 같다고 하고, 이로써 열반의 내용인 法身・般若・解脫의 三德이 相卽不離의 관계에 있는 것을 비유하였다.『摩訶止觀』제3권 등에서는 伊字三點을 法身・般若・解脫(三德)과 實性・實智・方便(三菩提)과 正因・了因・緣因(三佛性)과 佛・法・僧(三寶)과 苦・煩惱・業(三道) 등 여러 종류의 법에 배당하고 그 피차의 관계를 설명하였다.

26. 見網轉彌에 대한 전거로『宗鏡錄』제37(大正藏 48, 637上)에 다음과 같은 내용이 있다. "융대사『信心銘』에 이르기를 '또렷이 환히 알면 소견 그물이 더욱 작아지고, 고요하고 고요하여서 사견이 없어지면 캄캄한 방이라도 옮기지 않는다. 또렷또렷하여 망념이 없으며 고요하고 고요하여 비고 밝음이라 보배인의 참 근원이요 삼라만상의 한 모양이다'라고 하였다(如融大師信心銘云 惺惺了知 見網轉彌 寂寂無見 闇室不移 惺惺無妄 寂寂寥亮 寶印眞宗 森羅一相)."

27. 本覺에 대해『大乘起信論』(大正藏 32, 576中)에서는 다음과 같이 설명하였다. "本覺의 정의를 말하자면 心體가 망념을 여읜 것이니 망념을 여읜 모습은 허공계처럼 두루하지 않는 곳이 없다. 그러므로 허공계처럼 두루한 법계의 一相이 바로 여래의 평등한 법신이며, 이 평등한 법신을 본각이라고 설명한다(所言覺義者 謂心體離念 離念相者 等虛空界 無所不徧 法界一相 卽是如來 平等法身 依此法身 說明本覺)."

28. 『勸修定慧結社文』(韓佛全 4, 702下); 普照思想研究院,『普照全書』『勸修定慧結社文』(서울: 佛日出版社, 1989) p.18.
또『법집별행록(法集別行錄)』에 이르기를, "처음 발심하여 성불에 이르기까지 오직 고요함(寂)과 앎(知)뿐이다. 변하거나 끊어지지 않고 다만 지위에 따라 이름이 점점 달라진다. 즉 밝게 깨달을 때를 두고는 이지(理智)라 하고 처음 발심하여 수행할 때를 두고는 지관(止觀)이라 한다."
"且如法集別行錄云 始自發心 乃至成佛 唯寂唯知 不變不斷 但隨地位 名義稍殊 謂約了悟時 名爲理智 約發心修時 名爲止觀."

29. 無記에 대해 "善과 惡으로 기록할 수 없기 때문에 無記라 하고, 異熟果(vipāka-phala)를 초래하지 않아 異熟果(선악의 과보)를 기록하지 않기 때문에 무기라 한다."는 설이 있으나, 이것은 有漏法을 해석할 경우에 적용되며, 일반적인 통설은 아니다. 善도 아니고 不善도 아닌 법을 無記法이라 일컫고, 善과 不善의 법을 有記法이라고 일컫는다. 無記는 有覆無記와 無覆無記 두 가지로 나누는데, 첫째 有覆無記는 무기이기 때문에 異

熟果를 초래하지 않지만 聖道를 가리고 心性을 가려 더럽히는 것으로 예를 들면 색계·무색계의 번뇌와 욕계의 身見·邊見 등이 有覆無記에 속한다. 둘째, 無覆無記는 淨無記라고 하니, 곧 순수한 무기로서 聖道를 가리거나 心性을 가려 방해하는 일이 없기 때문에 더러운 것도 아니다. 또, 물음에 대해 가부를 답하지 않는 것도 無記라고 한다. 부처님께서 대답하지 않은 14가지 질문이 있는데, 이를 14無記(14不可記)라고 한다. 14無記는 다음과 같다. ① 我는 영원한가? ② 我는 무상한가? ③ 我는 영원하기도 하고 무상하기도 한 것인가? ④ 我는 영원한 것도 무상한 것도 아닌가? ⑤ 세계는 끝이 있는가? ⑥ 세계는 끝이 없는가? ⑦ 세계는 끝이 있기도 하고 없기도 한가? ⑧ 세계는 끝이 있는 것도 아니고 없는 것도 아닌가? ⑨ 如來는 사후에 존재하는가? ⑩ 여래는 사후에 존재하지 않는가? ⑪ 여래는 사후에 존재하기도 하고 존재하지 않기도 하는가? ⑫ 여래는 사후에 존재하는 것도 존재하지 않는 것도 아닌가? ⑬ 命과 身은 같은가? ⑭ 命과 身은 다른가? 하는 14가지다 ③, ④, ⑦, ⑧을 빼고 四類十問을 열거하는 경우도 있다.

30. 隨緣應用의 전거로 『宗鏡錄』 제27권(大正藏 48, 569中~下)에 다음과 같은 내용이 있다. "묻기를 '이미 한마음이요, 한 몸이라 일컬었거늘 어찌하여 갖가지 몸의 모양과 여러 가지 법문을 세우는 것인가' 하면, '이것이야말로 만 가지 변화의 근원이요, 일진(一眞)의 근본이다. 인연 따라 응하여 작용함은 마치 여의주와 같고 만물에 대해서 형상을 나타냄은 마치 크고 둥근 거울과 같다.'고 답하리라(問 旣稱一心一身 云何立種種身相種種法門 答 斯乃萬化之原 一眞之本 隨緣應用 猶如意珠 對物現形 若大圓鏡)."

31. 裴休(797~870)는 唐나라 사람으로, 자는 公美이며, 河東大師라고도 부른다. 圭峰宗密과 方外의 벗이 되었고, 또 黃蘗希運을 임지인 龍興寺와 開元寺에 초빙하여 조석으로 문안하며 선법을 참구하고 공부하였다. 『勸發菩提心』을 지었고, 황벽과의 문답을 실은 『傳心法要』가 전해진다.

32. 慧洪覺範(1071~1128)은 寂音 존자라고도 불린다. 속성은 喩씨다. 瑞州 출신으로 三峰靜 선사 문하의 제자가 되어 19세에 득도하였다. 泐潭克文·石門에게 參學한 다음, 극문의 법을 이어받았다. 그 후에 제방을 행각하다 다시 석문을 만나 그의 법을 이어받아 景德에서 법을 설하고 淸凉에 머물렀다. 저서로는 『林間錄』 2권, 『禪林僧寶傳』 30권, 『高僧傳』 10권 등이 있다.

33. 大心凡夫와 관련하여 『新華嚴經論』 제6권, 「如來名號品」 제7(大正藏 36, 756下)에는 "이 경을 오직 여래의 부사의승을 구해서 부처님 집안에 태어나는 가장 뛰어난 큰 마음을 지닌 범부에게만 부촉한다. 만약 이 법문을 구해서 여래의 집안에 태어나는 큰 마음을 지닌 범부가 없으면 이 경은 없어지리라(此經付囑最上大心凡夫 唯求如來不思

議乘生佛家者 若無大心凡夫求此法門生如來家 此經當滅)."라는 내용이 나온다.

34. 『道德經』48장에는 "사변적인 학문을 하면 날마다 번뇌가 늘어나고 도를 배우면 날마다 번뇌가 덜어진다. 덜어내고 또 덜어내어 無爲에 이르면 함이 없되 하지 않음도 없다(爲學日益 爲道日損 損之又損 以至于無爲 無爲而無不爲)."고 하였고, 『肇論疏』하권(大正藏 45, 198下)에서는 "덜어내고 또 덜어내어 덜어낼 것이 없는 곳에 이른다(要損之又損 以至於無損者)."고 하였다.

35. 『修心訣』(大正藏 48, 1007下)에는 "비록 뒤에 닦는다 하나 妄念은 본래 공하고 心性은 본래 깨끗한 것임을 먼저 깨쳤으므로 악을 끊어도 끊을 것이 없고 선을 닦아도 닦을 것이 없으니, 이것이 참으로 닦고 참으로 끊는 것이다(雖有後修已先頓悟 妄念本空心性本淨 於惡斷斷而無斷 於善修修而無修 此乃眞修眞斷矣)."라고 하였다.

36. 法義에 대해 『大乘起信論』「立義分」(大正藏 32, 575下)에서는 다음과 같이 설명하였다. "摩訶衍이란 總說하면 두 가지가 있으니, 무엇이 두 가지인가? 첫째는 法이고, 둘째는 義이다. 法은 衆生心이니 이 중생심이 모든 세간법과 출세간법을 總攝하고, 이 중생심을 의지하여 마하연의 義를 드러내 보인다. 무슨 까닭인가? 이 중생심의 眞如相이 마하연의 體를 보이기 때문이고, 중생심의 생멸하는 因緣相이 마하연의 自體와 相과 用을 보이기 때문이다. 義에는 세 가지가 있다. 무엇이 세 가지인가? 첫째는 體大니, 모든 법이 진여와 평등하여 높고 낮음이 없기 때문이다. 둘째는 相大니, 여래장이 무량한 공덕을 구족하고 있기 때문이다. 셋째는 用大니, 모든 세간과 출세간의 선한 인과를 내기 때문이고, 모든 부처님들께서 본래 의지한 바이기 때문이며, 일체 모든 보살이 이 法에 의지해서 如來地에 도달하기 때문이다(摩訶衍者 總說有二種 云何爲二 一者法 二者義 所言法者 謂衆生心 是心則攝一切世間法出世間法 依於此心顯示摩訶衍義 何以故 是心眞如相 卽示摩訶衍體故 是心生滅因緣相 能示摩訶衍自體相用故 所言義者 則有三種 云何爲三 一者體大 謂一切法眞如平等不增減故 二者相大 謂如來藏具足無量性功德故 三者用大 能生一切世間出世間善因果故 一切諸佛本所乘故 一切菩薩皆乘此法到如來地故)." 『起信論』의 설명에 의하면 '法'은 중생심으로 대승의 體이고, '義'는 體·相·用 三大다. 體大는 진여의 本體이고, 相大는 진여의 德相이고, 用大는 진여의 作用이다.

37. 六祖慧能(638~713)은 唐代 스님으로 중국 선종의 六祖다. 속성은 盧씨이고, 광동성 新州 新興縣에서 출생하였다. 집안이 가난하여 땔나무 장사로 어머니를 봉양하다가 어느 날 시장에서 『金剛經』 읽는 소리를 듣고 心眼이 열려 호북성 蘄州 黃梅縣의 東禪院에 계신 五祖 弘忍을 찾아갔다. 방앗간에서 8개월간 방아를 찧어 대중을 시봉하다가 오조가 慧能을 위하여 『金剛經』을 강설해 주었는데, "應無所住而生其心"의 대목에 이르러 언하에 크게 깨달았다. "菩提本無樹 明鏡亦非臺 本來無一物 何處惹塵埃"라는(大正藏 48, 349上) 게송으로 스승 홍인으로부터 衣鉢을 전수받고 시기하는 자들을 피해 남쪽으

로 가 수년간 사냥꾼 무리에 숨어 지내다 儀鳳 원년(677)에 광동성 南海의 制止寺에서 印宗을 만나고, 다시 法性寺에서 智光律師에게서 具足戒를 받았다. 이듬해에 曹溪 寶林寺로 옮겨 禪風을 크게 선양하였다. 神龍 원년(705) 中宗이 칙사를 보내 불렀지만 병을 핑계로 가지 않았으며, 칙령에 의해 寶林寺를 重興寺로 개칭하고 나중에 또 法泉寺라고 개칭하였다. 또, 新州의 옛집을 國恩寺라 하고 이곳에 報恩塔을 세웠다. 광동성 소주와 광주에서 40여 년 간 교화를 폈는데, 그중 소주 大梵寺에서 행한 설법을 편집해 놓은 것이 후일의 『六祖壇經』이다. 또, 『金剛經解義』 2권이 그의 저작으로 전해진다. 동문인 大通神秀(606~706)는 慧能보다 30세 연장으로 혜능을 則天武后에게 천거하여 부름을 받게 한 적이 있다. 북방의 長安·洛陽 부근에서 신수가 편 漸修의 禪法과 남방에서 혜능이 편 頓悟의 禪法을 후대에 南頓北漸이라 칭하고, 또 南宗禪·北宗禪이라고 하였다. 남종선이 후대에 널리 알려질 수 있었던 것은 法系에 뛰어난 인재들이 많이 나왔던 점에도 원인이 있지만, 북종선에 비해서 더 중국적이었기 때문이라고 할 수 있다. 先天 2년 8월 3일 國恩寺에서 입적하였고, 元和 10년(815)에 憲宗이 大鑑禪師라는 시호를 하사하고 탑을 元和靈照之塔이라 하였으며, 柳宗元이 碑銘을 지었다. 太平 興國 3년(978)에 太宗이 大鑑眞空禪師太平興國之塔이라는 시호를 다시 내렸으며, 또 天星 10년(1032)에는 印宗이 육조 眞身과 衣鉢을 입궐케 하여 공양하고 大鑑眞空普覺禪師라고 시호하였으며, 또 元豊 5년(1082)에는 神宗이 大覺眞空普覺圓明禪師라고 시호하였다. 그의 제자 가운데 뛰어난 禪僧으로는 靑原行思(?~740)·南嶽懷讓(677~744)·神會荷澤(670~762)·永嘉玄覺(675~713)·南陽慧忠(?~755) 등이 있다. 후세에 중국과 한국, 일본에서 번성한 臨濟宗·曹洞宗을 비롯한 소위 5家 7宗의 禪은 모두 慧能의 법계에서 발전된 것이다(출전 : 『全唐文』 327 六祖慧能禪師碑銘, 『全唐文』 587 曹溪第六祖賜諡大鑑禪師碑銘竝序, 『全唐文』 610 曹溪六祖大鑑禪師第二碑竝序, 『神會語綠』, 『六祖傳』, 『歷代法寶記』, 『六祖壇經』, 『曹溪大師別傳』, 『祖堂集』 제2권, 『宋高僧傳』 제8권, 『傳燈錄』 제5권, 『廣燈錄』 제7권, 『傳法正宗記』 제6권, 『續燈錄』 제1권, 『聯燈會要』 제2권, 『五燈會元』 제1권, 『佛祖統紀』 제29권, 『佛祖歷代通載』 제13권, 『釋氏稽古略』 제3권).

38. 『六祖大師法寶壇經』 「行由」 제1(大正藏 48, 349上)에 다음과 같은 내용이 있다.

"五祖弘忍이 『金剛經』을 설할 때 '마땅히 머무는 바 없이 그 마음을 내야 한다(應無所住而生其心).'는 말끝에 혜능은 '모든 법이 자기의 성품을 떠나지 않는다(一切萬法不離自性).'는 것을 깨달았다. 그리고 五祖에게 말하기를 '어찌 자성이 본래 청정함을 알았으며, 어찌 자성이 본래 생멸 없음을 알았으며, 어찌 자성이 본래 스스로 갖추어져 있음을 알았으며, 어찌 자성이 움직임이 없이 능히 만법을 냄을 알았으리오(何期自性本自淸淨 何期自性本不生滅 何期自性本自具足 何期自性本無動搖 何期自性能生萬法).'라고 하니, 五祖는 혜능이 본래의 성품을 깨쳤음을 알고 말하였다. '본래 마음을 알지 못하면 법을 배워도 이익이 없느니라. 만약 말끝에 스스로 본래 마음을 알아 스스로 본래 성품을 보면 곧 인천의 스승 부처이니라(不識本心 學法無益 若識自本心 見自本性 卽名 丈夫天人師佛).' 그리고 삼경에 법을 전하니 사람들이 다 알지 못하였다. 그리고 五祖 는 곧 심인과 동법의 의발을 전하고 '너를 六祖大師로 삼는다.'고 하였다."(大正藏 48, 349上)

39. 稱眞之行에 대한 전거로『大方廣圓覺修多羅了義經略疏注』하권(大正藏 39, 558下)에 다음과 같은 내용이 있다.

"이 모든 보살이 원묘하게 수행하는 것은 환이 아니고 진여에 걸 맞는 수행이니 마치 거둘 때는 싹과 흙을 모두 버린다. 종자는 각심을 비유한 것이고, 흙은 환법을 비유한 것이며, 싹은 환지를 비유한 것이다(是諸菩薩所圓妙行 結成非幻 稱眞之行 如土長苗 如種穀等 依土長苗 收了之時 苗土俱棄 種喩覺心 土喩幻法 苗喩幻智)."

40. 『景德傳燈錄』제29권,「香嚴襲燈大師智閑頌」19首(大正藏 51, 452中)에 다음과 같은 내용이 있다.

"오묘한 뜻은 너무나 빨라서 말을 하면 이미 늦어 버린다. 말을 따라 비로소 안다면 신령한 기틀을 미혹해 버렸다. 눈썹을 치켜올리며 물음을 당할 때 얼굴을 맞대고 즐거워 하나니 이것은 어떤 경계인고 동도라야 비로소 안다(妙旨迅速言說來遲 才隨語會迷卻 神機 揚眉當問對面熙怡 是何境界同道方知)."

41. 石頭希遷(700~790)은 唐代의 선승으로서 俗姓은 陳씨이고, 端州(廣東省) 高要 출신이며, 諱는 希遷이다. 어린 시절 고향사람들이 귀신을 두려워 해 제사를 지내며 항상 소를 잡고 술을 빚자 石頭가 神祠를 헐어 부수고 소를 빼앗아 돌아왔다는 얘기가 있다. 曹溪에서 六祖慧能에게 득도했으나 얼마 후 혜능이 입적하자 靑原行思에게 參學하여 법을 이어받았다. 天寶 年間(742~756) 초기에 衡山의 南寺로 가서 그 절 동쪽의 바위 위에 암자를 짓고 항상 좌선하였으므로 石頭和尙이라고 불렸다. 廣德 2년(764)에 문인들의 간청에 응해 종풍을 선양하였고, 藥山惟儼에게 법을 부촉하고, 貞元 6년 12월 6일 세수 91세로 입적하였다. 諡號는 無際大師이며, 저서로는『參同契』1권,『草庵歌』1권이 있다(출전 :『祖堂集』제4권,『宋高僧傳』제9권,『景德傳燈錄』제14권,『佛祖歷代通載』제14권,『釋氏稽古略』제3권,『五燈會元』).

42. 『景德傳燈錄』제14권,「行思禪師」(大正藏 51, 309中)에 다음과 같은 내용이 있다.

"石頭스님이 하루는 담에 올라 말씀하시기를, '내 법문은 부처님이 전해 주신 이전의 것이라 선정이나 정진 따위는 말하지 않고 오직 부처의 지견인 卽心卽佛을 통달하는 것이다(師一日上堂曰 吾之法門先佛傳授 不論禪定精進 達佛之知見卽心卽佛)."

43. 此約解悟에 대한 전거로는『大方廣佛華嚴經隨疏演義鈔』제21권(大正藏 36, 164下)에

다음과 같은 내용이 있다.

"마음이 바로 부처인지라 갖추지 않은 법은 없지만 반드시 공덕을 쌓고 두루 만행을 닦아야 한다. 이것은 解悟에 의거한 것이다(卽心卽佛無法不具 而須積功遍修萬行 此約解悟)."

44. 漸遠에 대한 전거로『禪源諸詮集都序』하권(大正藏 48, 407下)에 다음과 같은 설명이 있다.

"마치 9층의 누대를 올라갈 때 발로 밟는 위치가 점점 높아질수록 보이는 것이 점점 멀리 보이는 것과 같다고 하였다(如登九層之臺 足履漸高 所見漸遠)."

45. 一行三昧에 대해『大乘起信論』(大正藏 32, 582中)에서는 "다시 이 삼매를 의지하기 때문에 곧 법계가 한 모습인 줄을 안다. 이를테면 모든 부처님의 法身이 衆生身과 평등하여 둘이 아닌 것을 一行三昧라고 한다. 眞如가 이 삼매의 근본임을 알아야 한다. 그러므로 이 삼매를 수행하는 사람은 점점 무량한 삼매를 발생시킨다(復次依是三昧故 卽知法界一相 謂一切諸佛法身與衆生身平等無二 卽名一行三昧 當知眞如是三昧根本 若人修行 漸漸能生無量三昧)."라고 설명하였다. 즉,『起信論』에서 말한 一行三昧는 佛과 衆生이 다르지 않은 경지를 말한 것이다. 선종에서 一行三昧를 최초로 설한 사람은 四祖 道信스님이다. 天台智顗는『摩訶止觀』제2권(大正藏 46, 11上~中)에서 四種(常坐·常行·半行半坐·非行非坐) 三昧 중에서 常坐三昧를 一行三昧라 하였다.『六祖壇經』(大正藏 48, 352下)에서는 "선지식아, 一行三昧란 行·住·坐·臥하는 모든 처소에서 항상 한결같이 올곧은 마음을 행하는 것이니,『淨名經』에 '올곧은 마음이 부처의 도량이며 극락정토.'라고 했다. 마음속에는 아첨이 가득하면서 입으로만 올곧음을 말하고, 입으로는 一行三昧를 말하면서 실제로는 올곧은 마음을 행하지 않으니, 다만 올곧은 마음을 행하여 모든 법에 집착하지 말지어다(善知識 一行三昧者 於一切處行住坐臥 常行一直心是也 淨名云 直心是道場 直心是淨土 莫心行諂曲 口但說直 口說一行三昧不行直心 但行直心於一切法勿有執著)."라고 했다. 진여를 관하는 一行三昧와는 달리 念佛三昧라는 이름을 사용하는 경우도 있다. 宗密이 直顯心性宗의 수행 방법으로 一行三昧를 중시한 것은 神會의『南宗定是非論』에, "만약 깊고도 깊은 법계를 요달하고 싶다면 곧 一行三昧에 들어가 반드시『金剛般若波羅蜜經』을 誦持하고 般若波羅蜜法을 수학해야 한다."라고 당부한 내용에 의거한 것이다.

46. 眞如三昧에 대해『大乘起信論』(大正藏 32, 582中)에서는 "眞如三昧는 안으로 見相이 없고, 밖으로 得相이 없으며, 선정에서 나온 뒤에도 懈怠와 我慢이 없어서 소유한 번뇌가 점차적으로 없어지는 삼매. 그러므로 어떤 범부도 이 삼매법을 익히지 않고 如來種性에 들어가는 일은 있을 수 없다(眞如三昧者 不住見相不住得相 乃至出定亦無懈慢 所有煩惱漸漸微薄 若諸凡夫不習此三昧法 得入如來種性 無有是處)."라고 하였다. 長水

子璿의 『起信論筆削記』(大正藏 44, 400下)에서는 "眞如三昧는 경계를 기준한 것이고, 一行三昧는 수행하는 법을 기준한 것이다(眞如三昧之名乃約境而立者 一行三昧之名則 自其所行之法而立者)."라고 하였다.

47. 任運寂知 衆行爰起故에 대한 전거로 『景德傳燈錄』 제30권(大正藏 51, 459下). 「五臺山鎭國師澄觀答皇太子問心要」에 "만약 무심으로 잊어버리고 관조하면 온갖 생각 이 모두 없어진다. 만약 마음이 움직이는 것에 맡겨 고요한 상태에서 지각 작용이 일어 나면 모든 행이 여기에서 일어난다(若無心忘照 則萬慮都捐 若任運寂知則衆行爰起)."고 하였다.

48. ① 十身 : 菩提身, 願身, 化身, 力持身, 相好莊嚴身, 威勢身, 意生身, 福德身, 法身, 智身 (이 十身을 華嚴宗은 行境의 十佛이라 한다).

　　十身 : 衆生身, 國土身, 業報身, 聲聞身, 辟支佛身, 菩提身, 如來身, 智身, 法身, 虛空身 (이 十身을 화엄종은 解境의 十佛이라 한다).(大正藏 45, 560上)

　　十身 : 平等身, 淸淨身, 無盡身, 善修身, 法性身, 離尋伺身, 不思議身, 寂靜身, 虛空身, 妙智身(이 十身은 十地의 各位에서 얻은 法身을 말한다.)(大正藏 7, 932中)

　② 十智 : 三世智, 佛法智, 法界無碍智, 法界無邊智, 充滿一切世界智, 普照一切世間智, 住持一切世間智, 知一切衆生智, 知一切智, 知無邊諸佛智.

　③ 十通 : 他心通, 天眼自在淸淨通, 宿住智通, 知劫通, 天耳智通, 無體性智通, 善分別語 言通, 色身智通, 一切法智通, 滅定智通.

　④ 三光 : 常光, 身光, 智光.

49. 諸方皆云功未齊於諸聖에 대한 전거로 『宗鏡錄』 제2권(大正藏 48, 423中)에 다음과 같 은 내용이 있다.

"묻기를, 무릇 가르침을 넓게 펴서 사람을 교화하는 것에는 모름지기 자신의 행과 공 이 원만하고 지위를 거치면서 친히 증득해야 비로소 본래 서원에 보답하며, 그로써 방 편의 문을 열면 이롭게 하는 바가 헛되지 않고 바른 가르침을 어기지 않는 것인데 지 금 기록된 것에는 어떤 증명이 있는가. 답하기를, 이것은 조사와 부처님과 보살들의 언 교를 모았을 뿐이므로 일컬어 록(錄)이라 했으며, 설령 문답하고 해석함이 있다 하여 도 모두가 고덕의 큰 뜻에 의하여 곁에서 칭찬하고 닦기를 권하면서 지극한 가르침을 저술하는 것이요, 어찌 감히 알맞게 열어 보이면서 망녕되이 지시하고 진술하겠는가. 이는 또 조사와 부처의 바른 종이라 진실한 유식의 성품이며, 약간의 믿음만 있다면 모두 사람을 위하는 것이다. 만약 닦아 증득하는 문(修證門)을 논하면 제방이 모두 이 르기를 '공이 아직 모든 성인과는 같지 않다.'고 하였으며, 이는 또 가르침 안에서 허락 한 바 있다. 처음 마음을 낸 보살은 모두가 비교해서 알 수 있으며, 또한 가르침을 의

지하여 아는 것을 허락하였다. 먼저 들음으로써 이해하고 믿어 들어가며, 뒤에는 생각
이 없음으로써 계합하여 같아진다. 만약, 믿음의 문에 들면 문득 조사의 지위에 오른다
(問 凡申弘敎開示化人 應須自行功圓 歷位親證 方酬本願 開方便門則所利非虛 不違正敎
今之所錄 有何證明 答 此但唯集祖佛菩薩言敎 故稱曰錄 設有問答解釋 皆依古德大意 傍
讚勸修 述成至敎 豈敢輒稱開示 妄有指陳 且夫祖佛正宗 則眞唯識性 纔有信處 皆可爲人
若論修證之門 諸方皆云 功未齊於諸聖 且敎中所許 初心菩薩皆可比知 亦許約敎而會 先
以聞解信入 後以無思契同 若入信門 便登祖位)."

50. 『禪源諸詮集都序』(大正藏 48, 407中)에는 다음과 같다.
"문되, 앞에 부처님께서 頓敎와 漸敎를 설하시고, 선에서는 頓門과 漸門을 개설하셨다
하니 알지 못하겠구나. 이 세 가지 敎 가운데 어느 것이 돈이고 어느 것이 점인지. 답이
라. 法義의 深淺이 이미 三種에 갖추어져 있다. 다만 세존이 가르치신 방법이 같지 않으
므로 이체에 맞게 돈을 설하였으며, 근기에 따라 漸을 설한 것이다. 그런 까닭으로 다시
돈교와 점교를 말하니 三敎 밖에 달리 頓漸이 있는 것이 아니다. 漸이라는 것은 중근기
와 하근기를 위해서 즉시 원각의 묘리를 믿고 깨닫지 못하는 자를 위하여 인천교와 소승
교 내지 법상교와 파상교를 거듭 말씀하시고, 근기가 점점 성숙함을 기다려서 바야흐로
了義를 설하시니, 곧 법화, 열반 등이다. 頓에는 다시 둘이 있으니, 첫째는 축기돈이요,
그 다음은 화의돈이다. 축기돈이라는 것은 범부가 上根利智를 만나서 바로 眞法을 보이
면 들어서 곧 頓悟하되 온전히 佛果와 같음이니, 『華嚴經』가운데 처음 발심할 때 곧 아
뇩보리를 얻음과 같고, 『圓覺經』가운데 觀行함에 곧 佛道를 이룸과 같다. 그러나 비로
소 앞의 두 敎 가운데 行門과 같아서 점점 범부 때 習을 익힌 기운을 제거하고 점점 聖
德을 나타내는 것이다. 바람이 큰 바다를 격동하면 능히 상을 나타내지 않다가 바람이
만약 몰록 그치면 곧 물결이 점점 그쳐서 영상이 점점 나타남과 같음이라. 곧 『華嚴經』
의 일분 및 『圓覺經』과 『佛頂經』과 『密嚴經』과 『勝鬘經』및 여래장의 종류와 이십여 부
의 경이 이것이다(問前云 佛說頓敎漸敎 禪開頓門漸門 未審三種敎中何頓何漸 答法義深
淺已備盡於三種 但以世尊說時儀式不同 有稱理頓說 有隨機漸說 故復名頓敎漸敎 非三敎
外別有頓漸 漸者爲中下根卽時未能信悟圓覺妙理者 且說前人天小乘乃至法相(上皆第一敎
也)破相(第二敎也)待其根器成熟 方爲說於了義 卽法華涅槃等經是也(此及下逐機頓敎合爲
第三敎也 其化儀頓卽總攝三般 西域此方古今諸德 所判敎爲三時五時者 但是漸敎一類 不
攝華嚴經等)頓者復二 一逐機頓 二化儀頓 逐機頓者 遇凡夫上根利智 直示眞法 聞卽頓悟全
同佛果 如華嚴中初發心時卽得阿耨菩提 圓覺經中觀行成時卽成佛道 然始同前二敎中行門
慚除凡習漸顯聖德 如風激動大海不能現像 風若頓息則波浪漸停影像漸顯也(風喩迷情 海喩
心性 波喩煩惱 影喩功用 起信論中一一配合)卽華嚴一分及圓覺佛頂密嚴勝鬘如來藏之類二
十餘部經是也)."

51. 『禪源諸詮集都序』(大正藏 48, 407中-下)

"화의돈 이라는 것은 부처님이 처음 성도하신 후에 속세의 인연이 성숙한 상근기의 무리를 위하여 한 때 몰록 성상과 이사 중생의 온갖 미혹, 보살의 만행, 현성의 지위, 제불의 만덕을 설하시어 因이 果를 갖추니 초심에 곧 보리를 얻고 果가 因에 통함이니 지위가 차며 오히려 보살이라 칭함이다. 이것은 오직 『華嚴經』의 한 경과 십지론 이라는 이름이 원교와 돈교가 됨이요, 나머지는 다 갖추지 못함이라. 그 가운데 설한 諸法은 완전히 일심에서 나온 법이며, 일심은 모든 법을 가진 일심이다. 性과 相이 원융하고 一과 多가 자재하며 그런 까닭으로 제불과 중생이 교철 한다. 정토와 예토가 융통하고 법과 법이 다 피차에 서로 거두고 티끌과 티끌이 다 세계를 포함하여 相入相卽하며 걸림 없이 용융하게 十玄門이 거듭거듭 다함이 없음을 갖추니, 이름하여 무장애 법계라. 이 위의 돈과 정은 다 물에 나아가 교를 잡아 설한것이고. 만약 근기에 나아가 깨달아 닦음을 잡아 설 할진데 뜻이 또한 같지 아니하니 앞에 또한 서술한 바 諸家와 같다 (化儀頓 謂佛初成道 爲宿世緣熟上根之流 一時頓說性相理事 衆生萬惑 菩薩萬行 賢聖地位諸佛萬德 因該果海 初心卽得菩提 果徹因源 位滿猶稱菩薩 此唯華嚴一經及十地論 名爲圓頓敎 餘皆不備 (前敍外難云 頓悟成佛是違經者 余今於此通了) 其中所說 諸法是全一心之諸法 一心是全諸法之一心 性相圓融一多自在 故諸佛與衆生交徹 淨土與穢土融通 法法皆彼此互收 塵塵悉包含世界 相入相卽無礙鎔融 具十玄門重重無盡 名爲無障礙法界 此上頓漸皆就佛約敎而說 若就機約悟修說者 意又不同 如前所敍諸家)."

52. 『起信論』에서는 三大를 다음과 같이 설명하고 있다.
   『起信論』에서는 三大를 다음과 같이 설명하고 있다.
   "진여가 절대 평등한 본체로서 일체 모든 법을 그 가운데 攝盡하는 불변 상주의 실체를 體大라 하며, 진여가 현상의 위에 실현하여 만유의 활동을 일으키는 성능 공덕을 그 자체에 갖추고 있는 것을 相大라 하고, 성능 공덕이 현실에 나타나는 것을 用大라 한다. (一體大 謂一切法眞如在染在淨性恒平等 無增無減無別異故。二者相大 謂如來藏本求其足無量無邊性功德故。三者用大。能生一切世出世間善因果故一切諸佛本所乘故。(大正藏 32, 584 中-下.)" 이 3대를 비유로 말하면, 금으로 만든 사자에서 금은 體, 금이 여러 가지 형상을 나타낼 수 있는 성능이 있는 것은 相, 사자 등이 되는 것은 用이다.

53. 事法界는 차별적인 현상세계를 말한다. 事라 함은 事象, 界라 함은 分齊의 뜻으로 곧 우주의 事事物物은 각기 구별을 가지고 한계가 있다는 뜻이다. 理法界는 평등적인 本體界를 말한다. 理라 함은 理性, 界라 함은 性의 뜻이니, 곧 우주의 事事物物은 모두 그 본체가 眞如라는 뜻이다. 理事無礙法界는 현상계와 본체계는 一體不二의 관계라는 것이다. 곧 본체(理)는 無自性이며 緣에 따라 일어난 현상(事)으로서 나타나 있는 것이고, 緣에 의해 생긴 현상이기 때문에 그 본체(理)는 無自性일 수밖에 없고 理와 事는 서로

융합하여 방해하지 않는다는 뜻이다. 事事無礙法界는 현상계가 절대 불가사의한 것으로 곧 모든 것에는 體와 用이 있고, 각각 緣起하는 것으로 서로가 自性을 지키지만 그러나 事와 事를 상대시켜 보면 多緣이 서로 상응해서 一緣을 이루고 一緣은 널리 多緣을 도와서 서로 그 작용이 교섭하여 事事無礙重重無盡緣起가 된다.

54. 三觀에서 觀(vipaśyanā)은 毘鉢舍那·毘婆舍那·毘波奢那로 음사하며, 지혜로 대경을 관찰한다는 의미다. 三觀은 天台宗에서 모든 존재가 그대로 진여에 합당한 것을 세 가지 방면으로 관찰하는 것이다. 『瓔珞本業經』 상권의 '從假入空二諦觀·從空入假平等觀·中道第一義諦觀'을 근거로 수립되었으며, 空觀·假觀·中觀이라고도 약칭하고, 空·假·中 三觀이라고도 한다. 三觀은 化法의 4교 중 別·圓 2교의 觀法이지만, 이 三觀을 4교에 배열하면 空觀은 藏·通의 2교에 속한다. 즉, 藏敎는 모든 사물과 마음을 분석하여 실체가 없음을 밝히는 析空觀이고, 通敎는 모든 존재는 환상처럼 있는 그대로 곧 空이라고 보는 體空觀을 써서 삼계의 안에서 일어나는 思見의 惑을 끊는다.

이들의 空觀은 둘 다 空理로 기울어지므로 但空觀이라 하고, 이에 대해 別·圓 2교의 空觀을 不但空觀이라 한다. 假觀은 別敎에 속하는데, 別敎에서는 空에서 건립된 현상 그대로를 관하여 이것에 의해 塵沙惑을 끊는다. 中觀은 圓敎에 속하고, 空·假의 둘을 지양하여 하나라고 관함으로써 無明惑을 끊는다. 別敎에서 十住·十行의 계위에서 空·假의 二觀을 닦은 뒤에 따로 中道를 관하는 中觀(但中觀)을 닦는 것에 반해, 圓敎의 中觀은 空·假와 융합하는 三卽一 一卽三의 不但中觀을 닦는다. 즉, 別敎의 三觀은 三觀을 별개의 것으로 나누고, 그 다음에 세월을 두고 관하여 三惑을 끊고 三智를 얻으므로 別相三觀·次第三觀·隔歷三觀이라 하지만 圓敎의 三觀은 一念 중에 空·假·中이 융합된 三諦의 진리를 관함으로써 관의 대상이 一念의 마음이고, 一空一切空·一假一切假·一中一切中으로서 卽空·卽假·卽中의 觀이라 한다. 즉, 사로잡히는 마음을 파하고(空), 모든 것이 그대로 현상하고 있는 것을 깨닫고(假), 절대적 세계를 체달하는 것(中)을 一念 가운데 거두어 관하는 것이다. 이 一念에 관해서 趙宋 天台의 山家派에서는 관의 대상을 妄心으로 하는 유력한 이유의 하나로서 『摩訶止觀』 제5권의 三科揀境說을 거론한다. 또한, 圓敎의 三觀은 一觀 가운데서 원만하게 三諦를 관한다는 점에서 通相三觀, 一念의 마음 가운데 원만하게 三諦를 관하는 점에서 一心三觀으로 불리며, 여기에 別敎의 別相三觀을 더해 3종의 三觀이라고도 한다.

천태종에서 말하는 止觀義例의 설에 의하면 十乘觀法을 닦는데 있어서 모든 대상에서 一心을 관하는 從行觀(約行觀), 四諦五行 등의 法相에서 一心을 관하는 附法觀, 事象의 意義를 의탁해 一心을 관하는 託事觀의 세 가지 방법이 있다고 한다

55. 『宗鏡錄』 제35권(大正藏 48, 622下)에 "설명하면 세 가지 이름이 되지만, 비출 때는 셋이나 하나라는 알음알이를 짓지 않고 다만 생각생각마다 자기의 심성만을 보면 저절

로 셋도 아니고 하나도 아니며, 애써 몸과 마음을 부수어 없앨 필요도 없고, 경계에 대한 관을 세울 필요도 없으며 생각이 끊어진 경지에서 일체 시에 마음은 항상 三觀에 자유자재 하느니라(說卽有三名字 照時不作三一解 只念念見自心性 任運非三非一 亦不用破除身心 亦不要安立境觀 念想斷處 一切時中任運心常三觀也)."라고 하였다.

56. 三賢十聖의 명칭은 다음과 같다.

三賢: 菩薩 修行의 地位인 十住 十行 十回向의 위에 있는 菩薩을 말한다.

① 十住 : 發心住, 治地住, 修行住, 生貴住, 具足方便住, 正心住, 不退住, 童眞住, 法王子住, 灌頂住.

② 十行 : 歡喜行, 饒益行, 無嗔恨行, 無盡行, 難癡亂行, 善現行, 無着行, 尊重行, 善法行, 眞實行

③ 十回向 : 救護一切衆生難家生相回向, 不懷回向, 等一切諸佛回向, 到一切處回向, 無盡功德藏回向, 入一切平等善根回向, 等隨順一切衆生回向, 眞如相回向, 無縛無着解脫回向, 入法界無量回向

十聖 : 十地의 菩薩. 五十二位 가운데에 四十位~五十位까지.

十地 : 歡喜地, 難垢地, 發光地, 焰慧地, 難勝地, 現前地, 遠行地, 不動地, 善慧地, 法雲地

57. 『宗鏡錄』 제36권(大正藏 48, 627上)

"이것은 오직 『華嚴經』만이 頓敎가 된다. 이 가운데서 말한 바, 제법은 온전히 一心의 제법이다. 한마음 이것은 모든 법의 한마음이며, 성품과 모양이 圓融하고 하나와 여럿이 自在한다. 또, 근기에서 보면 頓과 漸이 같지 않다. 어떤 이는 이르기를 점차 수행함으로 인하여 공이 이루어지면서 활연히 몰록 깨치니, 이것은 마치 나무를 조각조각 베다가 보면 한번에 담박 넘어뜨리는 것과 같다고 하였고, 먼 황성에 나아감에 걸음걸음을 점점 행하여 하루에 담박 도달되는 것과 같다고 하였다. 또한 이르기를 몰록 수행함으로 인하여 후에 점점 깨달으니 어떤 사람이 활 쏘는 것을 배움에 단번에 된다고 함은 화살을 쏘아 바로 집중하는 것을 익히지 않아도 적중하는 것이요, 점차라 함은 오랫동안 차츰차츰 과녁에 가까워지게 되고 점차 맞히게 된다는 것과 같다. 이것은 마음을 운용하면서 단번에 닦는 것을 말하며, 功行이 단번에 끝남을 말하는 것이 아니다. 또 이르기를, 점차 닦아서 점차 깨치는 것이니, 9층의 누각을 오름에 발은 걸을수록 점점 높아지고, 보이는 바가 점점 멀어지는 것과 같다고 한다. 이상은 모두 證悟를 말하는 것이다. 어떤 이는 이르되, 먼저 단박에 깨치고 점차 닦을 수 있다고 한다. 이것은 解悟에서 본 것이다. 만일 장애를 끊어 설하는 것에서 보면 해가 단번에 나오면 서리와 이슬이 점차 녹는 것과 같고, 만일 덕을 이루는 편에서 보면 마치 어린 아이가 처음 태어나 팔과 다리와 여섯 감각을 갖추고 자라면서 점차로 志氣와 功用이 이루어지는 것과 같다. 『華嚴經』에서 이르기를, 처음 발심할 때 곧 정각을 이루고 三賢十聖을 차례로 닦아 證得하는 것과 같다. 만일 깨치지 못하고 닦는다면 진실한 수행이 아니요, 진실로 참된 흐름의 수행이 아니면 진리에 일치됨이 없거늘 어찌 진리를 장식하는 행이 진리를 좇아 일어나지 아니함이 있겠는가. 經에 이르되, 만일 이 법을 듣지 못하면 아무리 여러 겁 동안 六道萬行을 닦는다 해도 마침내 진리를 증득하지 못하리라고 했다(此唯華嚴一經 名爲頓敎 其中所說諸法 是全一心之諸法 一心是全諸法之一心 性相圓融 一多自在 又約機頓漸不同 有云 先因漸修功成 而豁然頓悟 如伐木片片漸斫 一時 頓倒 亦如遠詣皇城 步步漸行 一日頓到 有云 先因頓修 而後漸悟 如人學射 頓者 箭箭直注意在的 漸者 久始漸親漸中 此說運心頓修 不言功行頓畢 有云 漸修漸悟 如登九層之臺 足履漸高 所見 漸遠 已上皆證悟也 有云 先須頓悟 方可漸修 此約解悟 若約斷障說者 如日頓出 霜露漸消 若約成德說者 如孩初生 卽其四支六根 長卽漸成志氣功用 如華嚴經云 初發心時 卽成正覺 三賢十聖 次第修證 若未悟而修 非眞修也 良以 非眞流之行 無以稱眞 何有飾眞之行 不從眞起 經云 若未聞此法 多劫修六度萬行 竟不證眞)."

58. 『宗鏡錄』 제36권(大正藏 48, 627中)에 다음과 같은 내용이 있다.

"荷澤이 이르되, '무념의 체를 보면 만물을 좇아 나지 아니한다.'고 하며, 또 이르기를 '한 생각이 본래 성품과 상응하면 팔만의 바라밀 행이 한꺼번에 같이 작용한다.'라고 했다(荷澤云 見無念體 不逐物生 又云 一念與本性相應 八萬波羅蜜行 一時齊用)."

59. 원효(元曉, 617~686)는 삼국 간의 전쟁과 통일이 이루어졌던 시기에 살았다. 15세 경에 출가한 그는 수행과 교학에 매진하는 젊은 시절을 보내고, 40대 중반에 오도를 체험한 후에 환속하여 小性居士로 자처하며 대중을 교화하는 한편, 敎學에도 정진했다. 원효의 여러 모습 중에서도 더욱 돋보이는 것은 그가 뛰어난 학승이었다는 점이다. 진리의 성을 용감하게 공격하던 그는 경·율·논 三藏과 대·소승 경전에 두루 통했던 웅대한 안목의 학승이었다. 그는 불교사상을 새롭게 종합하고 체계화시켜 和諍思想을 천명함으로써 고금의 오류를 바로 잡았다. "百家의 異諍을 화합하여 지극히 공평한 佛意를 얻었다"는 평가를 얻었던 것도 이 때문이었다. 그의 교학은 한국불교의 토대를 마련하였을 뿐만 아니라 중국과 일본에 많은 영향을 미쳤다.

원효의 교학에는 중국 유학을 했던 학승의 경우와는 다른 특징이 보인다. 유학승들의 대부분은 어떤 종파나 전공을 고수하고 있었다. 이를테면 의상은 華嚴學을, 순경은 唯識學을, 명랑은 密敎를 각각 전공했던 것이 그렇다. 이는 종파적 성격이 강한 중국불교의 영향이기도 했다. 그러나 원효의 학문적 관심은 매우 다양해서 어느 한 분야에만 집중되지 않았다. 종래의 중국 교판가들은 흔히 종파주의적 입장에서 벗어나지 못한 경향이 있었지만, 원효는 객관적인 입장에서 종래의 잘못을 바로 잡고 공평한 판석을 내렸다고 평가받고 있기 때문이다.

원효는 100여 부 240권의 저서를 남긴 대저술가로 불리기도 한다. 약간의 혼란이 있는 저술 목록을 감안하더라도 그의 저술은 적어도 90종에 가깝다. 『十門和諍論』, 『金剛三昧經論』, 『起信論疏』, 『華嚴經疏』 등을 비롯한 그의 저서 대부분이 우리나라를 비롯하여 중국 및 일본에 전해져 유통되었다.

60. 數他珍寶에 대한 전거로 80권 『大方廣佛華嚴經』 제13권 「菩薩問明品」 제10(大正藏 10, 68上)에 "마치 어떤 사람이 다른 사람의 보배를 세면서도 자신의 몫은 반전푼도 없는 것처럼 법을 실제로 수행하지 않고 多聞만 하는 것도 이와 같다(如人數他寶 自無半錢分 於法不修行 多聞亦如是)."라고 하였다.

61. 『禪源諸詮集都序』(大正藏 48, 408上)
만약 깨달음으로 인해서 닦음은 곧 해오(解悟)이다. 만약 닦음으로 인한 깨달음은 증오(證悟)이다. 그러나 이는 모두 금생을 기준으로 하여 논한 것이다. 만약 멀리 숙세부터 말하자면 오직 점(漸) 뿐이요 돈(頓)이란 없다. 금생에 몰록 깨달은 자(頓見) 또한 다생에 점차 닦아오던 것이 발현된 것일 뿐이다.
"若因悟而修 卽是解悟 若因修而悟 卽是證悟 然上皆只約今生而論 若遠推宿世則唯漸無頓 今頓見者 已是多生漸熏而發現也."

62. 障濃習重 觀劣心浮에 대한 전거로 『宗鏡錄』 제76권(大正藏 48, 836上)에 다음과 같은 내용이 있다.
"답하기를, '실로 이러한 이치는 오로지 그 본인에게 달려 있다. 만일 장애가 적고 막힌 것이 가벼우면 곧바로 알아 곧장 들어가서 인연이 깊고 근기가 성숙되어 단박에 깨쳐서 단번에 닦는 것이 마치 거울이 깨끗하면 밝음이 생기고 구름이 걷히면 달이 밝아지는 것과 같지만, 혹시 때가 짙게 끼고 습기가 무거우며 觀이 하열하고, 마음이 들떠 있다면 비록 한마음을 믿고 안다고 하더라도 수행의 문은 존립되기 어렵다. 여덟 가지 무거운 망상의 때가 묻어 있으면 마치 촘촘한 그물과 빽빽한 숲과 같으며, 여섯 가지의 얽매인 속박의 문이 갖추어져 있으면 마치 딱딱한 얼음과 아교칠과 같다. 만일 큰 힘이 아니라면 어찌 풀릴 수 있겠는가(答 實有此理 全在當人 若障薄遮輕 直了直入 緣深機熟 頓悟頓修 如鏡淨明生 雲開月朗 或垢濃習重 觀劣心浮 雖信解一心 行門難立 有八重妄想之垢 猶緻網稠林 其六種繫縛之門 若堅冰膠漆 若非大力 曷能解分)."라 하였다

63. 『萬善同歸集』(大正藏 48, 987中-下)
"묻습니다. 頓悟自心한 上上根人도 도리어 만행을 빌려서 도를 熏習해 닦음을 도와야 합니까? 규봉선사가 네 가지 유형으로 간추려 답하기를 첫째, 점점 닦아 단번에 깨침이니, 마치 나무를 조각조각 점점 베다가 한꺼번에 넘어뜨리는 것과 같다. 둘째, 몰록 닦아 점점 깨닫는 것이니, 마치 어떤 사람이 활쏘기를 배움에 단번에 된다함은 화살마

다 마음을 똑 바로 과녁에다 기울이는 것과 같고, 점점 된다는 것은 오랫동안 활을 쏘다 보면 어느 때 명중하는 것과 같다. 셋째, 점점 닦아 점점 깨치는 것은 마치 9층의 누각을 오름에 발은 걸을수록 점점 높아지고 보이는 바가 점점 멀어지는 것과 같고, 넷째 몰록 깨달아 몰록 닦는 것이니, 마치 한 타래의 실을 물들임에 만 가닥이 몰록 물드는 것과 같다. 위 4구는 모두 證悟를 말한다(問 上上根人頓悟自心 還仮萬行助道熏修不 答圭峰禪師有四句料簡 一漸修頓悟 如伐樹片片漸斫一時頓倒 二頓修漸悟 如人學射 頓者箭箭直注意在的 漸者久久方中 三漸修漸悟 如登九層之臺 足履漸高所見漸遠 四頓悟頓修 如染一縷絲萬條頓色 上四句多約證悟)."

64. 『萬善同歸集』(大正藏 48, 987下) 頓悟漸修는 解悟를 드러내는 것이니, 마치 해가 단번에 솟아오름에 이슬은 점점 녹아 없어지는 것과 같다. 『華嚴經』에서 설하기를, '처음 마음을 발할 때에 문득 정각을 이루며, 그런 연후에 지위에 올라 차례로 닦아 증득하는 것이니, 만약 깨닫지 않고 닦는다면 眞修가 아니다'라고 하여 오직 頓悟漸修만이 佛乘에 합하여 圓旨를 어기지 않는 것이다. 頓悟頓修는 많은 생에 점점 닦은 것이 금생에 몰록 익은 것이다. 이것은 當人이 한때 스스로 점검함이 있을 것이다. 말한 바가 행하는 것과 같고 행하는 것이 말함과 같아서 量이 법계의 끝까지 다하여 마음이 허공의 이치에 합한다면 팔풍에도 動하지 않고 三受가 적연하여 종자와 현행이 함께 녹아지며 근본번뇌와 수번뇌가 한가지로 다하고 말 것이다. 만일 自利만을 들어 말한다면 무엇 때문에 만행의 수행을 빌리겠는가. 병이 없으면 약을 복용하지 않겠건만, 그러나 이타를 든다면 폐하는 것은 옳지 않다. 만약 스스로 짓지 않는다면 어찌 다른 이에게 권하겠는가. 그러므로 경에서 말하기를, '스스로 계를 지녀야 남에게도 계를 지니도록을 권할 수 있으며, 스스로 좌선을 해야 남에게도 좌선을 권할 수 있을 것이다'.라고 하였고 『智論』에 이르기를, '마치 백세의 늙은이가 춤을 추는 것은 兒孫에게 가르쳐 주기 위해서 먼저 하고 싶어 하는 하는 것으로서 끌어당기는 듯하나 뒤에는 불지에 들게 하려는데 뜻이 있는 것이다'라고 하였다. 혹 현행이 번뇌를 끊지 못하고 습기 또한 농후 하다면 눈에 닿는 것마다 情識을 내고 부딪히는 塵勞마다 걸림을 이루니, 비록 무생의 뜻을 요달하였지만 그 힘이 충분하지 못하다면 내가 이미 번뇌의 성품이 공적함을 깨달아 마쳤다고 말하지 못하리니, 만약 마음을 일으켜 닦는다면 도리어 전도되리니, 그렇다면 번뇌의 性이 비록 공적하지만 능히 업을 받으며, 업과도 性이 없지만 다시 苦因을 지으며 고통이 비록 텅 빈 것이라고 하나 실제는 참기 어려운 것이다. 비유하면, 큰 병이 났을 때 병의 성품이 온전히 공하다면 무엇 하러 의사를 부르고 온갖 약을 복용하겠는가. 그런 연고로 알라. 말과 행이 서로 어긋나면 그 허실을 스스로 증험할 것이니, 다만 根力을 헤아려 스스로 자만하지 말며, 생각을 살펴 간절히 자세히 힘써야 할 것이다(惟頓悟漸修 此約解悟 如日頓出霜露漸消 華嚴經說 初發心時便成正覺 然後登地次第

修證 若未悟而修 非眞修也 惟此頓悟漸修 旣合佛乘不違圓旨 如頓悟頓修 亦是多生漸修 今生頓熟 此在當人 時中自驗 若所言如所行 所行如所言 量窮法界之邊 心合虛空之理 八風不動三受寂然 種現雙消根隨俱盡 若約自利 則何假萬行熏修 無病不應服藥 若約利他 亦不可廢 若不自作 爭勸他人 故經云 若自持戒 勸他持戒 若自坐禪 勸他坐禪 智論云 如百歲翁翁舞 爲教授兒孫故 先以欲鉤牽 後令入佛智 如或現行未斷煩惱 習氣又濃 寓目生情 觸塵成滯 雖了無生之義 其力未充 不可執云我已悟了煩惱性空 若起心修卻爲顚倒 然則煩惱性雖空 能令受業 業果無性 亦作苦因 苦痛雖虛 祗麼難忍 如遭重病 病亦全空 何求醫人 遍服藥餌 故知言行相違 虛實可驗 但量根力不可自謾 察念防非切宜子細)."

65. 『新華嚴經論』 제21권(大正藏 36, 864下)

제팔(第八) '진여의 모습인 회향(眞如相廻向)'이란 원바라밀(願波羅蜜)로서 체(體)를 삼는다. 이 위(位)는 제 8지(地)에서 지혜가 두드러지면서 원(願)으로써 지혜의 업[智業]을 야기시켜 대자비를 성취하는 것과 동등함을 밝힌 것이다. 원으로 지혜를 막고 지혜의 체(體)가 청정하기 때문이다. 다른 사람을 이롭게 하는 것이 넓지 못한 것이니, 법을 나타낸 것 중에서 선재동자가 동방의 정취(正趣)보살을 본 것이 바로 그 행(行)이다.

"第八眞如相廻向者 以願波羅蜜爲體 明此位同第八地智增勝以願引生智業成大悲故以願防智爲智體淨故利化不弘 表法中如善財童子見東方正趣菩薩是其行也"

66. 龍門佛眼(1067~1120)은 俗名은 李氏 法名은 淸遠이다. 臨濟宗 楊岐派 스님이다. 출가하여 14세에 具足戒를 받고 律과『法華經』을 배우고 나서 선을 참구하였다. 江淮의 여러 禪寺를 두루 편력한 후, 安徽省 太平寺의 五祖法演에게 참구하여 그의 법을 이었다. 서주의 天寧 萬壽寺에서 개당하고 龍門寺, 안휘성 화주의 褒山寺에 머물렀다. 鄧洵武가 上奏하여 紫衣 및 佛眼禪師라는 시호를 내렸다. 太平慧懃, 圜悟克勤과 더불어 東山의 三佛, 또는 동산의 二勤一遠이라 일컬어졌다. 세수 54세, 법랍 40세로 宣和 2년에 입적하였다. 善悟가『佛眼禪師語錄』8권을 편집하였다.(출전 :『聯燈會要』제16권,『普燈錄』제11권,『續傳燈錄』제25권,『五燈會元』제19권,『五燈嚴統』제19권,『五燈全書』제42권).

67. 『大乘起信論』(大正藏 32, 579上)

"다시 또 眞如自體相이라는 것은 일체 범부·성문·연각·보살과 모든 부처님에게 增減이 있는 것이 아니며, 과거에 생겨남도 아니고, 미래에 사라지는 것도 아니어서 끝내 늘 항상 하다. 본래부터 자성이 온갖 공덕을 갖추었으니, 이른바 자체에 대지혜광명의 뜻이 있는 까닭이며, 법계를 두루 비추는 뜻이 있는 까닭이고 진실하게 아는 뜻이 있는 까닭이며, 자성이 청정한 마음의 뜻이 있는 까닭이고, 常·樂·我·淨·의 뜻이 있으며, 청량하여 변하지 않고 자유 자재한 뜻이 있는 연고다. 이와 같이 항하의 모래 수보다 많은 여의지 않고 끊어지지 않으며, 다르지도 않은 不思議佛法을 구족하고, 내지는 만족하여 작은 뜻이 있는바가 아닌 연고로 이름이 여래장이 되고 또한 여래법신이라고 이름한다.(復次眞如自體相者 一切凡夫聲聞緣覺菩薩諸佛無有增滅 非前際生非後際滅 畢竟常恒 從本已來性自滿足一切功德 所謂自體有大智慧光明義故 遍照法界義故 眞實識知義故 自性淸淨心義故 常樂我淨義故 淸凉不變自在義故 其足如是過於恒沙不離不斷不異 不思議佛法 乃至滿足無有所少義故 名爲如來藏 亦名如來法身)."

68. 『景德傳燈錄』(大正藏 51, 205上)

"시리사나무 아래에 앉아서 한 차례 설법하시어 4만 명의 사람을 제도하시니, 제자가 두 사람이라 한 사람은 살니이고, 또 한 사람은 비루다. 시자는 선각이며, 아들은 상승이라 하였다. 구나함모니불의 게송에 부처님은 몸으로 보는 것이 아니고, 靈知가 바로 불이다. 만약 진실로 아는 것이 있다면 달리 부처가 없다. 지혜로운 자는 능히 죄의 성품이 공한 줄을 알아 태연히 생사를 두려워하지 않는다(坐尸利沙樹下 說法一會 度人四萬 神足二 一薩尼 二毘樓 侍者善覺 子上勝 拘那含牟尼佛(賢劫第二尊)偈曰 佛不見身知是佛 若實有知別無佛 智者能知罪性空 坦然不怖於生死)."

69. 紅爐上一點殘雪의 비유는 선사들의 어록에서 자주 볼 수 있는 비유다. 『碧巖錄』(大正藏 48, 198下)에 다음과 같은 내용이 있다

"수시하여 이르기를, 말 한마디도 붙일 수 없는 조사의 心印은 무쇠소와 같은 기봉이다. 가시덤불을 뚫고 나온 납승은 이글거리는 화로 위에 한 점 눈처럼 흔적을 남기지 않는다. 평지에서 종횡으로 관통하는 것은 그만두고, 어떠한 수단이나 방편에도 의지하지 않는다. 어떠한가? 거량해 보라(垂示云 無啗啄處 祖師心印 狀似鐵牛之機 透荊棘林 衲僧家 如紅爐上一點雪 平地上 七穿八穴則且止 不落寅緣 又作麼生 試擧看)."

70. 『大方等大集經』 제55권, 「月藏分」 제12, 「分布閻浮提品」 제17(大正藏 13, 363上-中)

"나의 바른 법이 왕성하게 세간에 머물며, 내지 모든 천인 등도 또한 능히 평등한 정법을 나타낼 것이며, 내가 멸도한 후 500년 동안에는 그래도 모든 비구 등이 나의 법에 있어서 해탈이 견고하려니와, 다음 500년 동안은 나의 정법에 있어서 선정 삼매만이 견고하게 머물 것이며, 다음 500년에는 불법을 많이 듣고 글을 읽음이 견고하게 머물 것이며, 다음 500년에는 나의 법 가운데에서 탑이나 절을 많이 세우므로써 견고하게 머물 것이며, 그 다음 500년 동안은 나의 법 가운데 투쟁이 견고하여 깨끗한 법은 사라지고 견고함이 줄게 되리니 불법을 믿는 청정한 사람들은 분명히 알아라. 이 이후 로는 나의 법을 따라 비록 다시 수염과 머리를 깎고 몸에 가사를 입더라도, 禁戒를 파하고 법과 같이 수행하지 못하면서 거짓으로 비구라고 이름만 붙일 뿐이니라. 이와 같이 계를 파하고 이름만 비구라고 할지라도 단월 시주자가 있어 베풀고 공양하며 보호해 기

른다면 내가 설하기를, 이 사람조차 오히려 한량없는 아승지 큰 복덕을 얻으리라 하리라 (我之正法熾然在世 乃至一切諸天人等 亦能顯現平等正法 於我滅後五百年中 諸比丘等 猶於我法解脫堅固 次五百年我之正法禪定三昧得住堅固 次五百年讀誦多聞得住堅固 次五百年於我法中多造塔寺得住堅固 次五百年於我法中鬪諍言頌白法隱沒損減堅固 了知淸淨士 從是以後於我法中 雖復剃除鬚髮身著袈裟 毀破禁戒行不如法假名比丘 如是破戒名字比丘 若有檀越捨施供養護持養育 我說是人猶得無量阿僧祇大福德聚)."

71. 四句百非에서 4구는 긍정, 부정, 부분긍정·부분부정, 양자부정 네 가지로 분류하는 형식이다. 즉, 有, 無, 亦有亦無, 非有非無의 형식을 말한다. 百非는 고정된 견해를 타파하기 위해 부정을 계속하는 것이다. 4구(一·異·有·無)를 근본으로 하여 세우는 부정의 형식적 범주로서 4句×4비×3世×2起<已起·未起> + 근본 4구 = 100非가 된다. 다시 말하면, 一·非一·亦一亦非一·非一非非一과, 異·非異·亦異亦非異·非異非非異와, 有·非有·亦有亦非有·非有非非有와, 無·非無·亦無亦非無·非無非非無의 16을 과거·현재·미래에 곱하면 48이 되고, 또 이것을 已起와 未起에 곱하면 96이 되며, 거기에 一·異·有·無의 네 가지를 더하면 100이 된다. 이 100가지를 다 부정하여 부정의 극치를 통해 깨달음에 契合하는 것이다.

72. 四無量心(catvāry apramāṇāni)은 四等至·四等心·四等·四心이라고도 한다. 慈는 중생에게 즐거움을 주려는 마음이고, 悲는 중생의 고통을 벗겨 주려는 마음이며, 喜는 다른 이를 기쁘게 해 주려는 마음이고, 捨는 중생을 평등하게 보아 원수나 친한 이로 구별하지 않는 마음이다.

73. 四無礙辯은 온갖 교법에 통달한 法無礙, 온갖 교법의 요의를 아는 義無礙, 여러 가지 말을 알아 통달하지 못함이 없는 辭無礙, 일체교법을 자유자재로 말하는 樂說無礙, 이 네 가지를 말한다.

74. 十力(daśa balāni)은 부처님이 소유한 열 가지 뛰어난 지혜의 능력을 뜻한다. 첫째, 處非處智力은 도리에 맞는 것과 도리에 맞지 않는 것을 변별하는 힘, 둘째 業異熟智力은 하나하나의 業因과 그 果報의 관계를 사실 그대로 아는 힘, 셋째 靜慮解脫等持等至智力은 4禪·8解脫·3三昧·8等至 등의 선정을 아는 힘, 넷째 根上下智力은 중생의 상·하근기를 아는 힘, 다섯째 種種勝解智力은 중생의 여러 가지 희망 사항을 아는 힘, 여섯째 種種界智力은 중생과 모든 법의 본성을 아는 힘, 일곱째 遍趣行智力은 중생이 어느 곳으로 향할지 아는 힘, 여덟째 宿住隨念智力은 자타의 과거세를 기억하는 힘, 아홉째 死生智力은 중생이 여기에서 죽어 어느 곳에 태어날지 아는 힘, 열째 漏盡智力은 번뇌를 끊은 경지와 거기에 도달하기 위한 수단을 사실 그대로 아는 힘이다.

75. 義湘(625~702)은 신라 시대의 스님으로 海東 화엄종의 개조다. 속성은 김씨이며, 19세

때 경주 황복사에서 출가하였다. 650년 중국으로 가기 위하여 원효스님과 함께 요동으로 갔으나 고구려의 순라군에게 잡혀 정탐자로 오인받아 수십 일 동안 잡혀 있다가 귀국하였다. 661년(문무왕 1) 당나라 사신의 배를 타고 다시 중국으로 들어가 揚州에 머물렀다. 그 뒤 종남산 至相寺로 智儼을 찾아가 그의 문하에서 求道에 정진하여 화엄의 이치를 깨달았고, 南山律宗의 개조 도선율사와도 교류하였다. 670년 신라로 돌아와 낙산사의 관음굴에서 관세음보살 기도를 드렸고, 이때의 발원문인 『白華道場發願文』은 그의 관음 신앙을 알게 해 주는 261자의 간결한 명문이다. 676년(문무왕 16) 왕명에 따라 부석사를 짓고 화엄 교학을 강론한 후, 전국에 華嚴十刹을 창건하여 3,000여 명이 넘는 제자를 길러 海東華嚴宗의 시조가 되었다. 그의 문하에서 悟眞·智通·表訓·眞定·眞藏·道融·良圓·相源·能仁·義寂 등 十大德이 배출되었다. 고려 숙종으로부터 海東華嚴始祖圓敎國師라는 시호를 받았다.

저술로는 『十門看法觀』 1권, 『入法界品抄記』 1권, 『小阿彌陀義記』 1권, 『華嚴一乘法界圖』 1권 등이 있다.

76. 法界緣起는 법계의 사물이 천차만별하나, 피차가 서로 인과 관계를 가지고 있는 것이며, 하나도 단독으로 존재하는 것은 없다. 그러므로 만유를 모두 동일한 수평선 위에 두고 볼 때 중생·불, 번뇌·보리, 생사·열반과 같이 대립하여 생각하던 것도 실제로 모두 동등한 것이며, 번뇌가 곧 보리이고 생사가 곧 열반이므로 만유는 圓融無碍한 것이다. 그러므로 화엄종에서는 一卽一切·一切卽一이라 말하며, 혹은 한 사물은 상식으로 보는 단독적인 하나가 아니라, 그대로 전 우주라는 뜻에서 한 사물을 연기의 법으로 삼고, 이것이 우주 성립의 體이며 힘인 동시에 그 사물은 전 우주로 말미암아 성립된 것이라고 한다. 이와 같이 우주의 만물은 각기 하나와 일체가 서로 緣由하여 있는 重重無盡한 관계이므로 이것을 法界無盡緣起라고도 한다. 이 사상을 설명하는 것이 六相圓融과 十玄緣起의 교의이다. 이 사상은 연기론의 극치로서 賴耶緣起·眞如緣起 등과 같이 우주연기의 주체를 어떤 한 사물에나 어떤 理體에 국한하지 않고, 낱낱 만유의 그 자체에서 말하는 것이 특징이다.

77. 永嘉玄覺(675~713)은 절강성 온주부 영가현 출신으로, 성은 戴씨고, 이름은 玄覺, 자는 明道, 별호는 一宿覺, 시호는 無相大師 또는 眞覺大師다. 어려서 출가하여 三藏에 해박하였으며, 효심이 지극하여 출가한 후에도 어머니와 누이를 봉양하면서 누이에게 많은 지도를 받기도 하였다. 특히, 天台止觀에 정통하여 선관을 잘 닦았다. 그리하여 이미 선기가 무르익어 있었을 때 左溪玄朗의 권유로 東陽玄策과 함께 선종의 曹溪慧能을 참하여 곧 인가를 받았다. 인가 받은 날 거기에서 하룻밤을 묵었기 때문에 일명 一宿覺이라 불리기도 한다. 현종의 선천 2년(713) 10월 17일 온주의 용흥사 별원에서 세수 39세로 입적하였다. 저술에 『證道歌』와 『禪宗永嘉集』이 있다. 慧能의 5대 제자 가운데

한 사람으로 열거되고 있다(출전 : 『祖堂集』 제3권, 『宋高僧傳』 제8권, 『傳燈錄』 제5권, 『聯燈會要』 제3권, 『五燈會元』 제2권, 『釋門正統』 제3권, 『佛祖統紀』 제3권, 『佛祖歷代通載』 제13권).

78. 誌公(418~514)은 南北朝 시대의 스님으로 金陵寶誌를 말한다. 속성은 朱氏이며, 어려서 출가하여 강소성 建康 道林寺에서 선정을 닦았다. 일정한 거처가 없이 자유로이 왕래하고, 음식도 때를 정하지 않았으며, 머리를 길게 기르고 냄비를 손에 들고 행각하는 기행을 보였다. 502년경에 『大乘讚』 24수를 지어 황제에게 바쳤고, 또 각종 이적을 보여 대중을 교화하니 고구려왕도 그 명성을 듣고 사신을 보내 綿帽를 기증했다고 한다. 天監 13년 겨울에 화림원 불당의 금강신의 像을 밖에 놓게 하고 10일 만에 세수 97세로 입적하니, 칙령으로 廣濟大師라 시호를 내렸다. 後唐의 莊宗은 妙覺大師라 시호를 내렸고, 그 뒤에도 道林眞覺菩薩・道林眞覺大師・慈應惠感大師・普濟聖師菩薩・一際眞密禪師 등의 시호가 내려졌다. 『碧巖錄』 제67칙(大正藏48, 197下)에 "쌍림에 이 몸을 의탁하지 않고 양나라 땅에서 티끌먼지를 일으키더니, 당시에 誌公 노인을 만나지 않았더라면 쓸쓸히 나라를 떠났을 것이다(不向雙林寄此身 卻於梁土惹埃塵 當時不得誌公老 也是栖栖去國人)."라는 글이 있다(출전 : 『梁高僧傳』 제10권, 『佛祖統紀卷』 제36권, 『佛祖歷代通載』 제10권, 『寶華山志』 제7권 誌公法師墓誌銘, 『神僧傳』 제4권).

79. 永明延壽(904~975)는 법안종의 스님으로 臨安府(절강성) 餘杭 출신이다. 성은 王氏이고, 자는 沖玄 또는 抱一子이다. 관리를 지내다가 28세 때 설봉의 제자인 翠巖令參에게 득도하였다. 후에 天台德韶의 법을 이어 법안종 제3세가 되었다. 952년 설봉산 자성사에 들어가 주석하고, 이후 吳越의 忠懿王의 부탁으로 靈隱寺에 주석하였다. 이후 永明寺(후에는 淨慈寺로 불림)에 들어가 선과 염불을 兼修하였다. 당시 사람들이 미륵의 하생으로 숭배하였다. 특히, 고려 광종은 36명을 유학 보내 연수에게 공부하게 하였으며, 따라서 송에서 쇠퇴한 법안종이 일시적으로 고려에서 융성을 보였다. 시호는 智覺禪師다. 저술로는 『宗鏡錄』 100권, 『萬善同歸集』 3권, 『唯心訣』 등이 있다(출전 : 『宋高僧傳』 제28권, 『傳燈錄』 제26권, 『禪林僧寶傳』 제9권, 『佛祖統紀』 제26권).

80. 一乘의 교설이란 불교의 갖가지 교설은 어떤 것이나 그 존재 의의가 있지만 모두 부처님이 중생을 인도하기 위한 방편으로 설한 것이고, 실은 유일한 진실의 가르침이 있을 뿐이라고 주장한다. 그것에 의해 어떠한 중생도 모두 부처가 될 수 있다고 설한다. 일승의 사상은 『法華經』, 『勝鬘經』, 『華嚴經』 등에서 설해지고, 보살 각각의 고유한 실천법이 있다고 하는 三乘의 견해에 대해 삼승은 일승에 나아가기 위한 수단에 불과하다고 한다. 즉, 부처님이 설한 것을 듣고 나서의 실천(聲聞乘), 단독으로 깨달음을 여는 실천(緣覺乘), 자타와 함께 깨달으려는 실천(菩薩乘)이 있지만, 이것들이 모두 하나로 귀일한다는 가르침이다.

81. 南陽慧忠國師(?~775)는 절강성 소흥부 제기현 사람으로 속성은 冉씨다. 젊어서 六祖 慧能에게 배우고 그 법을 이었다. 혜능이 시적한 후 여러 산에 두루 머무르면서 五嶺, 羅浮(廣東省), 四明(浙江省), 天目(浙江省), 등을 거쳐 南陽(河南省)의 白崖山 黨子谷에 들어가 40여 년 간 산문을 내려오지 않았다. 당 상원 2년(761)에 숙종은 그 명성을 듣고 中使 孫朝進에게 칙명을 내려 서울로 불러 스승으로 예우하였다. 처음 千福寺 西禪院에 주석했지만, 代宗의 조칙을 받고 光宅寺로 옮겼다. 두 황제의 배려가 두터웠지만 혜충 국사는 항상 검소하게 본성 그대로 천진자연을 즐기며, 항상 남악혜사를 그리워하여 주청하여 균주(호북성) 무당산에 太一 延昌寺를 건립하고, 또한 당자곡에 香嚴 長壽寺를 개창하여 각각 藏經 한 질을 청하여 兩山에 그것을 소장케 했다. 혜충은 남악회양, 청원행사, 영가현각, 하택신회 등과 함께 혜능 문하의 5대 종장으로 알려졌다. 그 선풍은 당시의 종교계를 풍미하여 신회와 함께 북방에 선풍을 드날려 당시 남방의 마조도일의 선을 비평했다. 혜충 국사의 선풍은 身心一如와 卽心是佛을 종지로 하였으며, 또한 無情說法을 처음으로 주창하였다. 더욱이 남방의 선자들이 경전을 경시하고 마음대로 설법하는 것을 배격하여 널리 經書를 연구하고 교학을 귀중히 여겨 스승의 설법에 근거하였다. 또한 숙종과 十問十對하기도 하였다. 대력 10년(775) 12월 9일 시적하였다. 조칙으로 당자곡의 향엄사에서 다비를 치뤘다. 남양의 백애산에 주석하였으므로 세상에서는 남양혜충이라고 불렀다. 대종은 大證國師라는 시호를 내렸다(출전 : 『祖堂集』 제3권, 『宋高僧傳』 제9권, 『傳燈錄』 제5권, 『聯燈會要』 제3권, 『五燈會元』 제2권, 『佛祖歷代通載』 제13권).

82. 大慧宗杲(1089~1163)는 송대 臨濟宗 陽岐派 스님으로, 字는 曇晦이고, 號는 妙喜, 雲門이다. 속성은 奚씨이며, 宣州 寧國 사람이다. 17세에 東山 慧雲寺의 慧齊 문하에 출가하여 이듬해 구족계를 받았다. 洞山微, 湛堂文準, 圜悟克勤 등 여러 스님을 참방하고, 大悟한 후에는 圜悟의 法을 이었는데, 원오극근은 『臨濟正宗記』를 대혜에게 부촉했다. 얼마 후 원오스님은 대혜로 하여금 分座說法을 하게 했는데, 이로 인하여 叢林의 귀의와 존중을 받게 되었으며, 이름을 떨치게 되었다.

靖康 원년(1126)에 우승상 呂舜徒의 주청으로 紫衣와 함께 '佛日大師'라는 호를 내렸다. 紹興 7년(1137)에 승상 張凌의 청으로 徑山의 能仁寺에 주석하자 제방에서 납자들이 운집하여 종풍을 크게 떨쳤다.

紹興 11년 侍郎 張九成이 능인사로 와서 대혜스님을 따라 참선공부를 하였는데, 이때 秦檜가 이를 시기하여 장구성과 대혜스님이 조정의 일을 논의했다고 무고함으로 인해 대혜스님도 褫奪衣牒 당하고 衡州 땅에 유배되었다. 이 시기에 古尊宿의 機語와 문도들간에 상량토론했던 어록공안을 모아 『正法眼藏』 6권을 저술하였다. 소흥 26년 유배에서 풀려나 다시 승복을 입고, 소흥 28년에 조칙으로 다시 경산에 머물게 되자, 道俗

이 다시 옛날처럼 귀의하였다. 이때에 '徑山宗杲'라는 칭호를 얻게 되었다.

스님은 변재가 무궁하고, 평상시 힘써 공안선법인 看話禪을 고취시켰는데, 이 선법은 宏智正覺의 默照禪과 더불어 번성하게 되었다. 만년에 경산에 머물면서 도속이 항상 운집하여 항상 주위에 수천 인이 모여들었다. 孝宗이 귀의하고, '大慧禪師'라는 호를 내렸다. 隆興 원년에 약간의 병을 보이다가 입적하니 세수 75세, 법납이 58세였다. 시호는 '普覺禪師'이며, 『大慧語錄』, 『正法眼藏』, 『大慧武庫』 등의 저술을 남겼으며, 思岳, 德光, 悟本, 道顔 등 90여 인의 제자가 법을 이었다(출전: 『明高僧傳』5권, 『大慧年譜』, 『聯燈會要』 17권, 『五燈會元』 19권).

83. 黃龍悟新(1043-1114)은 佛陀院의 德修에게 귀의하여 출가 수계하였다. 여러 지방을 행각하다가 黃龍祖心(1025~1100)에게 참학하여 그의 법을 이었다. 스스로 死心叟라고 칭하고 여러 산을 두루 돌아다닌 다음 黃龍山에 머물면서 황룡파의 선풍을 널리 선양하였다.(출전 : 『續傳燈錄』 卷第二十二 大鑑下第十四世 黃龍心禪師法嗣 : 大正藏 51, 613.)

84. 南嶽懷讓(677~744)의 성은 杜씨이고, 시호는 大慧禪師이다. 山西省 출신으로 15세 때 湖北省 荊州에 있는 玉泉寺의 弘景律師를 따라 출가하여 崇山의 慧安에게 具足戒를 받고, 후에 曹溪山에 들어가 禪宗 6조인 慧能 밑에서 8년 동안 수도하여 마침내 大悟하였다. 714년 湖南省 南岳의 般若寺 관음당으로 들어가 30년 동안 크게 敎化를 펴며 독자적인 禪風을 떨쳤다고 하여 이 法系를 南岳下라고 한다. 같은 6조 문하인 靑原行思의 법계인 靑原下와 더불어 교풍을 떨쳐 후세의 선종에는 이 두 법계만이 융성하였다. 『景德傳燈錄』 제6권에 의하면 嗣法 제자 9인 중 馬祖道一만이 이 法燈을 이어받아, 후일 臨濟宗·潙仰宗 등의 종파로 발전하였다. 또 그 후의 普化宗·黃檗宗도 이 계통이다. 『南嶽大慧禪師語錄』이 있다. (출전 : 『景德傳燈錄』제6권 : 大正藏 51, 245-246.)

85. 藥山惟儼(745~828)은 唐代의 스님으로 靑原의 문하이다. 속성은 韓씨이다. 산서성 강주 新絳縣 출신이다. 17세에 광동성 조양 西山의 慧照에게 출가하여, 29세 때 衡嶽寺 希澡에게서 구족계를 받았다. 그 후 石頭希遷 문하에서 대오하고, 그의 법을 이어받았다. 석두스님을 13년 간 시봉하고 다시 호남성 예주 藥山으로 가서 머물렀다. 太和 2년 12월 6일에 세수 84세로 입적하였다. 시호는 弘道大師이다(출전 : 『祖堂集』 제4권, 『宋高僧傳』 제17권, 『景德傳燈錄』 제14권, 『佛祖歷代通載』 제23권, 『五燈會元』 제5권).

86. 石頭希遷(700~790)은 唐代의 선승으로서 俗姓은 陳씨이고, 端州(廣東省) 高要 출신이며, 諱는 希遷이다. 어린 시절 고향 사람들이 귀신을 두려워해 제사를 지내며 항상 소를 잡고 술을 빚자 石頭가 神祠를 헐어 부수고 소를 빼앗아 돌아왔다는 얘기가 있다. 曹溪에서 六祖慧能에게 득도했으나 얼마 후 혜능이 입적하자 靑原行思에게 참학하여 법을 이어받았다. 天寶年間(742~756) 초기에 衡山의 南寺로 가서 그 절 동쪽의 바위

위에 암자를 짓고 항상 좌선하였으므로 石頭和尙이라고 불렸다. 廣德 2년(764)에 문인들의 간청에 응해 종풍을 선양하였고, 藥山惟儼에게 법을 부촉하고 貞元 6년 12월 6일에 세수 91세로 입적하였다. 謚號는 無際大師이고, 저서로는 『參同契』 1권, 『草庵歌』 1권이 있다. (출전 : 『祖堂集』 제4권, 『宋高僧傳』 제9권, 『景德傳燈錄』 제14권, 『佛祖歷代通載』 제14권, 『釋氏稽古略』 제3권, 『五燈會元』 제5권)

87. 趙州從諗(778~897)은 曹州의 郝鄕 혹은 靑州臨淄 출신으로 속성은 郝씨이다. 어린 나이에 고향의 扈通院으로 출가하여 경과 율을 익히지 않고 곧바로 참선을 하였다. 曹州의 扈通院으로 출가하고 南泉에게 가니 남전이 마침 누워 있다가, '어느 곳에서 왔는가' '瑞像院에서 왔읍니다' '瑞像을 보았는가' '瑞像은 보지 못하고 누워있는 부처를 보았읍니다' '네가 有主沙彌냐 무주사미냐' '유주사미입니다' '主가 어디 있느냐' 조주,'동짓달이 매우 춥사온데 體候 萬福하시나이까'하니 入室을 허락하다. 그 후 남전스님이 입적하기까지 40여 년을 시봉하였다. 또 黃檗, 寶壽, 塩官, 夾山 등 제방의 선지식을 두루 친견하고 그 도행을 널리 익힌 것으로 보인다. 남전스님이 입적하신 후 스님의 나이 60이 되어 제방에 행각을 나섰는데, 이때 이런 말씀을 하셨다. "일곱 살 먹은 아이라도 나보다 나은 이는 내가 그에게 물을 것이요, 백 살 먹은 노인이라도 나보다 못한 이는 내가 그를 가르치리라." 스님의 나이 80이 되어 행각을 그만두고 고향 근방의 趙州 觀音院에서 청빈하게 살았다. 어록에 의하면, 스님께서 처음 세속에 나왔을 때에 竇行軍이라는 신도가 스님께 절을 지어 드리고서 眞際禪院 또는 竇家園이라고 하였다 한다. 스님께서는 관음원에 주석하신 이후 오랫동안 이곳에 살면서 납자들을 지도하다가 120살에 입적하셨다. 스님의 입적 연대에 대해서 어록의 行狀에서는 戊子年(868년 또는 928년) 11월 10일에 앉은 채로 입적하셨다고 하였지만, 일반적으로는 『傳燈錄』의 기록에 따라서 唐 建寧 4년(897) 11월 2일, 세수 120에 오른쪽으로 누워서 입적하신 것으로 전해지고 있다(출전 : 『古尊宿語錄』 제13권, 제14권, 『祖堂集』 제18권, 『傳燈錄』 제10권, 『聯燈會要』 제6권, 『五燈會元』 제4권, 『宋高僧傳』 제11권). 저술에 『趙州錄』 (眞際大師語錄 3권)이 있다.

88. 趙州從諗에게 어떤 스님이 물었다. "개도 불성이 있습니까?" 선사가 대답하였다. "있느니라." 스님이 다시 묻되 "있다면 어째서 가죽 부대 속에 들어 있습니까?" 하니, 선사가 말하되 "그가 알면서도 짐짓 범했기 때문이니라." 하였다. 다시 어떤 스님이 묻되 "개도 불성이 있습니까?" 하니, 선사가 대답하되 "없느니라." 하였다. 스님이 다시 묻되 "일체 중생이 모두 불성이 있다 했는데, 개는 어째서 없다고 하십니까?" 하니, 선사가 말하되 "그에게 業識이 있기 때문이니라." 하였다(출전 : 『無門關』 제1권, 『從容錄』 제18권, 『禪門拈頌』 417).

법집별행록절요병입사기 해제

節要의 원제목은 『法集別行錄節要並入私記』다. 당나라 規峰宗密(780~841) 선사의 『法集別行錄』을 普照國師 知訥(1158~1210) 스님이 절요하고 이에 개인적 견해와 私記를 덧붙였다는 의미다. 다만 『法集別行錄』의 판본은 확인되지 않는다. 이 책은 禪要・書狀・都序와 함께 선학의 기초가 되는 책으로서 四集이라 한다. 이 중 都序와 본 節要는 禪宗의 대표적인 종파와 그 종지를 알게 하는 책이다.

이 책의 大旨는 揀頓漸 顯靈知이다. 즉 돈과 점을 가려서 空寂靈知를 드러낸 것이다.

1. 저술의 취지

절요의 전반적 취지에 대해서는 지눌스님께서 서두에 명백히 밝히고 있다.

"하택신회는 知解宗師라, 비록 조계의 적자가 되지는 못하나 悟解가 고명하고 결택이 요연하여 종밀스님이 그 취지를 받들어 이었으므로 이 錄 가운데에 펴고 밝혀서 활연히 볼 수 있게 하시니, 이제 敎를 인해서 마음을 깨닫는 자를 위해 번거로운 말을 제거해 버리고 강요를 뽑아내어서 觀行의 귀감을 삼게 하노라."

『법집별행록』은 당시에 유행하던 선의 4종파를 모아 북종, 홍주종, 우두종, 하택종으로 설명하였고, 하택종을 가장 수승한 것으로 여겨 종밀선사가 별도로 행하게 하였다. 화엄종의 제5조이자, 『선원제전집도서』의 저자이기도 한 규봉종밀선사는 선교일치를 주장하였는데 당시 중국불교 현수법장의 화엄교학적인 입장보다는 선의 입장에 서있다고 할 수 있다. 규봉종밀선사는 하택신회가 지해종사라고 비판받고 있음을 잘 알면서도 그가 깨달음에 대한 이해가 분명하고 결택이 뚜렷하였기 때문에 그 입장을 계승하여 『법집별행록』으로 펴내고 있다고 밝히고 있다.

지눌스님은 이러한 규봉종밀의『법집별행록』의 내용 중에서 긴요한 것만을 골라 절요하여, 다시 자신의 입장을 첨가하여 사기를 붙여 놓음으로서 선의 4종파의 입장을 후학들이 확연히 알 수 있도록 하였다. 이 책에서 지눌스님은 중국선종의 당시 입장에 대해 후학을 위해 설명하고 초학자가 겪을 문제를 교학적으로 설명하고 있다. 이 절요에서는 하택종을 맨 앞으로 내세우고 있는 것이 특징이다. 그 까닭은 관행하는 사람에게 먼저 자기 마음이 미혹하거나 깨달았거나, 靈知가 어둡지 아니하여 성품을 다시 고칠 것이 없음을 가장 먼저 깨닫게 하고 그 다음에 모든 종파를 열람하여 그 취지를 알게 하려 함이니 후학을 위한 지눌스님의 곡진한 마음가짐을 읽을 수 있는 부분이다.

또한, 관행하는 자가 능히 생각을 비워 밝히지 못하고 義理에 막힐까 걱정이 되어 끝부분에 간략히 본분종사의 徑截門 언구를 이끌어 지견의 병을 씻어 제거하고 몸을 빼어내는 活路가 있음을 알게 하였다. 이 책의 저술 시기는 지눌스님이 열반하기 1년 전인 52세 때로 추정된다. 만년 저술인 이 절요야말로 지눌스님 평생의 수행과 깨달음을 집적시킨 작품이라 하겠다.

2. 단락 구분과 내용 개관

절요의 내용은 크게 네 부분으로 나눌 수 있다

첫째, 글의 취지

둘째, 『법집별행록』의 절요 첨가

셋째, 지눌스님의 私記

넷째, 간화경절문의 제창

첫째, 글의 취지

지눌스님은 집필하게 된 동기에 대해 다음과 같이 밝히고 있다.

"今時에 마음 닦는 사람을 관하니 문자가 가리켜 돌아가는 곳을 의지하지 않고 바로 密意로 서로 전하는 곳으로써 道를 삼은 즉, 아득하여 한갓 앉아 조는 것을 수고로이 하거나 혹 觀行함에 마음을 잃어 착란하는 까닭으로 모름지기 여실한 언교를 의지하여 깨달아 닦는 本末을 결택해서 자기 마음의 거울을 삼아야 곧 일체 시 가운데 관조함에 그릇 공부를 쓰지 않을까 하노라."

위의 인용문을 통하여 이 시기 선을 수행하는 사람들은 조사의 密意로써만 도를 삼고, 부처님이나 조사가 말과 경전을 통하여 전한 가르침에 대해서는 관심과 주의를 기울이지 않고 있음을 알 수 있다. 선 수행의 초보자가 글자에 의지하지 않고 곧장 言語道斷의 경지를 체험하려 하기 때문에 本末을 결택하지 못한 상태에서 선에 무조건 들게 됨을 안타깝게 생각하고 있다. 따라서 초보자가 제대로 선 수행에 들게 하기 위해서는 부처와 조사의 여실한 가르침에 기초한 선에 대한 안목을 지녀야 한다는 것이다. 이 책의 집필 동기는 바로 이러한 안내서의 필요성 때문이다.

둘째, 『법집별행록』의 절요 첨가

4종선에 대한 설명과 마니주의 비유를 들어 그에 대한 평가를 하고 있는 부분이다.

(1) 4種禪의 설명

절요는 하택의 뜻을 근본으로 하기 때문에 먼저 하택종에 대한 설명을 하고 나서 북종, 홍주종, 우두종에 대한 설명을 하고 있다. 따라서 절요에서 근본으로 하고 있는 하택종의 요지만을 간략히 살펴보면 다음과 같다.

하택은 말하기를 "모든 법이 꿈같음을 모든 성인이 한결같이 설하신 까닭으로 妄念이 본래 고요하고 티끌 경계가 본래 공하여, 공적한 마음이 신령히 알아 昧하지 않나니, 곧 이 공적한 마음이 전에 달마의 전하신 바 청정한 마음이니라. 미혹하거나 깨달았거나 마음이 본래 스스로 아는지라 緣을 빌려서 나는 것도 아니며 경계를 인하여 일어나지도 않음이니, 미혹할 때 번뇌하나 知는 번뇌가 아니며, 깨달을 때에 신통 변화하나 知는 신통변화가 아니니라. 그러므로 '知' 한 글자가 이 모든 묘함의 근원이거늘 이 知를 미혹함으로 말미암아 곧 我相을 일으키고 '나'와 '나의 것'을 계교하고 집착하여 사랑과 미움이 저절로 나고 사랑과 미움의 정을 선과 악을 삼고, 선악의 과보로 육도의 몸뚱이를 받아 세세생생 순환해 끊어지지 않나니, 만일 선지식의 열어 보임을 얻어서 몰록 공적의 知를 깨달으면 寂知는 생각이 없고 몸뚱이도 없거늘 누가 아상 인상을 삼으리오.

모든 상이 공한 줄 깨달으면 마음은 스스로 생각이 없나니, 생각이 일어나면 곧 알아차리라. 알아차리면 곧 사라지리니 수행의 묘한 문이 오직 이에 있나니라. 그러므로 비록 갖추어 만행을 닦으나 오직 無念으로써 근본을 삼나니 다만 무념을 얻으면 곧 사랑과 미움이 자연히 담박하고 자비와 지혜는 자연히 더 밝아지며 죄업은 자연히 끊어 없어지고 功行은 자연히 더 나아가 解는 곧 모든 상이 상 아님을 보고 行은 곧 이름이 닦음이 없는 닦음이라, 번뇌가 다할 때 생사가 곧 끊어지고 생멸이 멸하여 마치면 寂照가 앞에 나타나 응용이 무궁하리니 이름하여 佛이라 하나니라."라고 하였다.

위와 같이 하택스님의 뜻은 空寂靈知와 無念爲宗으로 그 근본을 삼고 있음을 알 수 있다. 여기서 말하는 공적영지의 知는 분별지가 아닌 無分別知다. 이것은 성인들만이 지니고 있는 智慧가 아니며, 성인과 중생을 떠나 누구나 본래부터 지니고 있는 '知'다. 그러므로 깨달았거나 아직 깨닫지 못하였든지 누구나 본래 스스로 알고 있는 그 자리라 할 수 있다.

따라서, 수행이란 더 이상 妄念이 일어나지 않도록 해야 한다. 망념이 일어나면 바로 알아차리고(念起卽覺) 망념을 망념인 줄 알아차리는데서 망념은 사라지게 된다.(覺知卽無) 이는 無念으로 근본을 삼는 것이 되니 이 무념에 입각해서 닦으면 斷而無斷이요, 修而無修가 된다. 지눌스님은 이러한 하택스님의 뜻에 입각하여 私記를 통하여 제방의 이론을 끌어들여와 증명할 뿐만 아니라, 공적영지와 無修之修를 말하고 있다. 이는 규봉종밀과 하택신회 보조지눌의 사상체계인 頓悟漸修의 밑바탕이라 할 수 있다.

(2) 4種禪에 대한 평가

먼저 법으로서의 不變과 隨緣의 이치가 있음을 밝히고 나서, 마니주의 비유를 통하여 4종선의 견해를 평가하고 있다. 4종선 중 하택종의 견해가 그 진수를 가장 잘 드러내고 있다고 평가하고, 그에 대한 실천으로 돈오점수의 입장을 천양하고 있다

1) 비유로써 不變과 隨緣의 體를 밝힘

절요에서는 4종선의 深淺과 得失을 가리기에 앞서 "법에는 불변과 수연의 두 이치가 있고, 사람에는 돈오와 점수의 두 문이 있으니 두 이치가 나타남에 곧 대장경의 가리키는 바를 알 것이요, 두 문이 열림에 곧 일체 賢聖의 궤철을 보리니 달마의 깊은 뜻이 이에 있나니라." 하고는 다음과 같이 마니주의 비유를 들어 불변과 수연의 이치를 설명하고 있다.

"저 마니주가 오직 둥글고 밝고 깨끗하여 도무지 일체 차별색상이 없건마는 體가 밝은 고로 바깥 물건을 대할 때에 능히 일체 차별색상을 나타내나니, 색상은 스스로 차별이 있거니와 명주는 일찍이 變易하지 않음이라. 그러나 구슬에 나타난 바 색이 비록 백천 가지이나 이제 또 명주로 더불어 서로 어기는 흑색을 취하여 신령하고 밝은 지견이 흑암무명으로 더불어 비록 서로 어기나 이 한 體임을 비유하리라."라는 비유를 통해서 4종선에 대한 深淺과 得失을 밝히고 있다

비유를 들어 밝히고 있는 내용을 요약하면 다음과 같다.

① 大小乘法相과 人天敎 가운데 相에 집착한 사람의 소견

不變隨緣의 體인 空寂靈知를 알지 못하고 相에 집착한 사람들의 소견은 마치 '밝고 투명한 마니주의 구슬이 흑색을 나타낼 때 구슬 전체가 검어서 밝음을 보지 못할 경우, 어리석은 사람이 이를 보면 검은 구슬이라는 상에 집착하여 아무리 이것은 明珠라고 말을 해줘도 믿지 않고 도리어 자신을 속인다고 꾸짖으며 들으려고 하지 않는 것'과 같다.

② 북종의 견해

북종의 견해는 '마니주가 明珠라는 말을 믿기는 하지만 그 검은 구슬이 흑색으로 얽혀 뒤덮여있기 때문에 갈고 닦아서 흑암을 제거하고 나서야 밝은 제 모습을 드러낼 것이니,

이때 비로소 이름하여 명주라 할 수 있다'고 말하는 것과 같다.

③ 홍주종의 견해

홍주종의 견해는 '이 흑암이 곧 명주인지라, 명주의 體는 영원히 볼 수 없으니 명주를 알고자 한다면 곧 검은 것이 바로 이것이며, 갖가지 청과 황이 모두 다 이것이라고 한다. 어리석은 자로 하여금 적실히 이 말을 믿어 오로지 검은 모습만 기억하거나 혹 갖가지 相을 명주로 알아서, 혹 다른 때 흑환자나 미취청주나 내지 적호박과 백석영 등의 구슬을 보더라도 다 마니주라 하다가, 혹 다른 때 마니주가 도무지 색을 대하지 않고 다만 밝고 깨끗한 상만 있는 것을 보게 되면 도리어 이 밝은 모습에만 국집하는 것은 아닐까 하고 의심하고 두려워하여 알지 못하게 하는 것'과 같다.

④ 우두종의 견해

우두종의 견해는 '이 구슬에 나타난 갖가지 색이 다 이 허망한지라 전체가 온전히 공하다는, 곧 이 한 덩이 구슬도 모두 공한 것이라 계교하여 말하기를 일체 국집하거나 고정됨이 없어야 達人이요, 한 법이라도 있다고 여기면 이는 요달치 못한 것이며, 색상이 다 공한 곳이 바로 이 공하지 않은 밝고 빛나는 구슬인 줄 깨닫지 못하는 것'과 같다.

⑤ 하택종의 견해

하택종의 견해는 '오직 빛나고 깨끗하며 둥글고 밝은 것이라야 바야흐로 이 구슬의 體라고 하여, 그 구슬의 체를 곧바로 드러낸 것과 같다. 때문에 밝은 것이 일체 색을 나타내는 體로서 영구히 變易함이 없는 것인 줄 알지 못하고 黑이 이 구슬이라 하거나, 혹 생각에 黑을 여의고 구슬을 찾거나, 혹 밝음과 黑이 모두 없다고 하는 자는 다 이 구슬을 보지 못하는 것'이라고 비평한다.

2) 修證의 방편으로서의 頓悟와 漸修를 밝힘

상기의 불변과 수연의 이치에 입각해서 다음과 같이 돈오와 점수의 두 門을 설하고 있다.

"나아가 논의할진대 곧 迷悟와 凡聖이 있으니, 미혹으로부터 깨달음은 곧 頓이요, 凡을 굴려서 聖을 이룸은 곧 漸이니라. 頓悟란 것은 미혹해 四大를 잘못 알아 몸을 삼고, 망상으로 마음을 삼아 '나'라고 여기다가, 선지식으로부터 위와 같은 불변하고 수연하는 性相과 體用의 이치를 설해 줌을 홀연히 만나게 되면 신령하고 밝은 知見이 자기의 진심이며 본래 마음이 항상 고요하여 가이 없고 상이 없어 곧 법신임을 알게 된다. 몸과 마음이 둘이 아님이 바로 '참 나'인 줄 깨달으면 모든 부처님과 더불어 터럭만큼도 다르지 않으므로 頓이라고 말하는 것이다."

"漸修를 밝힌다면 비록 法身·眞心이 모든 부처님과 같음을 몰록 깨달았으나, 오랜 세월 동안 망령되이 四大에 집착하여 나를 삼는 게 습관이 되어 자기의 성품을 이룬 까닭에 갑자기 제하기 어려우므로, 모름지기 깨달음을 의지해 점차 닦아서 덜고 또 덜어서 덜 게 없는 곳에 이르러야 곧 성불이라 부르는 것이다. 이 마음 밖에 다시 이룰 게 없으므로 비록 점차 닦는다고 하나 본래 번뇌가 공하고 심성이 깨끗한 줄 깨달았기 때문에, 악을 끊되 끊어도 끊음이 없고 선을 닦되 닦아도 닦음이 없어서 진실한 닦고 끊음이 된다."

종밀은 이와 같이 돈오와 점수가 眞斷眞修가 됨을 밝히고 있다.

셋째, 지눌스님의 私記

지눌스님의 사기는 『법집별행록』 이외에 다양하고도 믿을 만한 진거들을 인용하여 돈오점수의 올바른 이치를 선양하는데 집중되어 있다.

따라서, "만일 수증의 돈과 점을 논의할 때 의미가 여러 가지라도 그 골자만 추린다면 錄 가운데 돈오와 점수에서 벗어나지 않는다." 하고 다음과 같이 돈점을 가리고 있다.

㉠ 『貞元疏』를 인용하여 定慧를 밝히고 돈점을 가림.

㉡ 『禪源諸全集都序』를 인용하여 돈점을 가림.

㉢ 萬善同歸集을 인용하여 돈점을 가림.

㉣ 목우자가 여러 견해를 들어 다시 가려서 『별행록』의 묘한 이치를 드날림.

넷째, 看話徑截門의 제창

어찌 보면 看話徑截門의 제창을 천명하는데 많은 지면을 할애하고 있어서, 절요의 궁극적인 말미를 간화경절문으로 맺고 있는 것에 대해 그 의미를 간과해서는 안 될 것이다. 지눌스님은 그 의미를 다음과 같이 설하고 있다.

"이해해서 깨달아 드는 자를 위해서 법에는 불변과 수연의 두 이치가 있고, 사람에게는 돈오와 점수의 두 문이 있음을 설했다. 두 이치로서 대장경의 가리키는 바가 이 자기 마음의 性相인 줄 알며 두 문으로써 일체 현성의 궤철이 자기 수행의 始終인 줄 알며, 근본과 지말을 분명히 가려 미혹하지 않고 방편을 옮겨 실지에 나아가서 속히 보리를 증득하게 함이다. 그러나 한결같이 말을 의지해 이해하기만 하고 몸을 轉回하는 길을 알지 못하면 비록 날이 마치도록 관찰하더라도 갈수록 알음알이에 얽매인 바가 되어 크게 쉴 때가 없게 된다. 이러한 까닭에 다시 납승 문하에 말을 떠나 들어가 몰록 알음알이를 없애고자 하는 자를 위하여 비록 종밀스님이 숭상한 바는 아니지만, 간략히 조사 선지식의 학자를 제접한 경절방편의 언구를 이끌어 계속하여 참선하는 뛰어난 무리로 하여금 몸을 벗어나는 한 가닥 活路가 있음을 알게 하노라."라고 보조스님이 말씀하신 것을 보면, 앞서 말한 절요의 내용은 모두 참선 공부를 하는데 있어서 먼저 이치를 분명히 결택한 후에 바르게 공부해 나가도록 하려는데 진의가 있음을 알 수 있다.

3. 사상적 개요

지눌스님은 『법집별행록』을 절요하고 사기를 붙이면서 맨 마지막으로 간화경절문을 제창하고 있다. 지금까지 설명한 모든 것을 일거에 백지화시킬 수 있는 모험적 결단을 보여주고 있는 것이다. 이것은 단지 돈오점수설을 제창하고 그 보완적 부분으로 간화경절문을 제시했다는 설이 있을 수 있다. 하지만 간화경절문을 제창하기 위해서 앞서의 장황한 돈오점수설이 필요했던 것으로 볼 수도 있다.

지눌스님은 다음과 같은 대혜 선사의 말씀을 인용하고 있다.

"대혜 선사가 이르시되, 규봉은 靈知라 이르시고, 하택은 知의 한 글자가 衆妙의 문이라 이르시고, 황룡사심수는 知의 한 글자가 衆禍의 문이라 이르시니, 요컨대 규봉과 하택을 보면 쉽거니와 사심을 보면 어렵다. 이 속에 이르러서는 모름지기 이 방면에 뛰어난 안목을 갖추어야 할지니, 사람에게 설해 줄래야 설해 줄 수 없으며 사람에게 전해 줄래야 전해 줄 수 없는 지라. 때문에 운문이 이르시되, 대저 말을 해 줄 때 마치 문을 가로막고 칼을 잡은 것처럼 해야 한 글귀 아래에 모름지기 몸을 벗어나는 길이 있을 것이니, 만일 이 같지 못하면 言句 아래에 죽어 있으리라."

지금까지 누누이 설명해 온 것이 바로 공적영지이고, 知의 한 글자가 온갖 기묘함의 문이라는 것이었다. 이에 입각해서 돈오와 점수를 설한 것이었다. 그런데 이제 이 모든 설명을 단번에 날려 버리는 대혜 선사의 언구를 인용하고 있다. 그로 인해 知의 한 글자가 오히려 온갖 재앙의 문이 되어 버린 것이다.

지금 승단의 교육을 돌아보면 강원과 선원으로 분립되어 수학 내용이 다르며, 선 아니면 깨달을 수 없는 것처럼 되어있다. 선 아니면 깨달을 수 없다면 중국선종 발생 이전의 인도의 용수나 무착 세친 그리고 신라의 원효스님들은 모두가 문자승에 불과하다고 부정할 것인지에 대해서 지적하고 있다.

중국의 임제종 등 5가 7종의 선종에서도 대가들은 모두 삼장과 어록을 중시했으며, 선과 교가 근본적으로 다르지 않다는 것을 강조하였다. 이러한 점에서 보조지눌스님은 선교의 대립을 지양할 체계적인 이론을 조직하기 위하여 성적등지문·원돈신해문·간화경절문의 삼종문을 세워 이중에서 마지막으로 간화경절문을 둠으로써 상근기를 위한 간화선 수행의 길로 이끌어 귀결시키고 있다. 그러나 중하근기 수행자를 위하여 기초수행으로써 성적등지문·원돈신해문을 제시하여 선수행의 나아갈 길을 제시하고, 이 세 가지를 함께 아우르는 수행이 필요함을 자상하게 설명하고 있다.

승단교육의 교과과정도 사교입선의 입장에서 편성되어 먼저 교학을 통하여 기초를 단단히 다지고, 선수행을 위한 신심의 결탁을 다져 문득 몰자미한 모색할 것 없는 화두에서 뛰쳐나가면 통연명백한 심성의 본래 자리를 깨닫게 되는 것이다. 비록 선수행이 궁극의 길이긴 하지만 불교수행이 사상누각이 되지 않기 위해서 절요는 반드시 읽어야 하는 교과과정인 것이다.

원돈신해문은 중생인 범부들의 마음이 곧 부처와 같다는 것을 깨닫는 것이고, 성적등지문은 그러한 마음을 지키고 실천하기 위하여 정혜쌍수하여 공적영지심을 깨닫는 것이다. 선문에서는 일반적으로 분석하고 따져서 알게 되는 것을 알음알이 즉 知解라고 하며, 이것이 깨달음을 방해하는 가장 큰 병통이라고 여긴다. 그런데 지눌스님은 그것을 인용하여 혜능의 적자가 아닌 하택종의 신회와 종밀을 도입한 것은 파격이다. 이러한 지눌스님의 파격은 화엄을 수용하는 과정에서도 나타난다. 당시 중국 화엄의 정통으로 자처하던 법장징관의 계통이 아닌 방계로 비판되던 이통현의 것을 채택하고 있기 때문이다. 이통현은 법장징관에 비해 선의 입장에서 화엄을 서술하고 있기 때문에 화엄과 선의 일치를 추구한 보조스님이 주체적으로 이통현을 채택한 것이다.

대혜종고의 『書狀』을 통하여 간화선을 받아들인 지눌스님은 기존의 정혜쌍수의 강조와 더불어 간화선을 사기를 통하여 다시금 설명하고 있다. 그런 점에서 지눌의 선사상을 화엄선으로 규정하고 있는 것은 그 단면만을 취하는 입장일 것이다. 지눌선의 사상적 특징은 중국의 화엄교학과 선을 받아들이지만 그를 발전시켜 한국적 풍토에 맞게 재해석하고 정혜쌍수··간화선 등 구체적인 실천을 통하여 초학자 및 상근기 모두를 깨달음에 인도하려는 데에 있다. 규봉스님의 『법집별행록』을 절요하고 여기에 자신의 私記를 첨가한 이 책에서 보조스님은 자신의 頓悟漸修 사상체계에 대한 강조와 함께, 지해 병통에 빠진 사람들의 살 길을 위하여 간화경절문을 제시하고 있다는 점이 이 책의 큰 특징이다.

4. 판본 및 주석서

전법 제자인 진각국사 혜심 등이 성화 22년 병오(조선 성종 17, 1486) 송광사에서 간행한 초간본을 비롯하여 22개 판본이 유통되었으며, 주석서로는

霜峯淨源(1627~1709)의 『節要入私記分科』,

晦庵定慧(1685~1741)의 『法集別行錄節要私記解』, 일명 『別行錄私記畵足』,

蓮潭有一(1720~1799)의 『法集別行錄科目竝入私記』

등이 있다.

대한불교조계종 교재편찬위원회

위원장 | 무관 스님
위 원 | 지현, 지오, 지욱, 진원, 현진, 용학, 본각, 일진

節 | 要

초판 1쇄 | 2005년 7월 11일
    3쇄 | 2013년 10월 05일

편 찬 | 대한불교조계종 교재편찬위원회
편 집 | 불학연구소
발행처 | 대한불교조계종 교육원
         서울시 종로구 견지동 45번지
         Tel 02)2011-1817~8 | Fax 02)732-4926

제 작 | (주)조계종출판사
         서울시 종로구 우정국로67 대한불교조계종 전법회관 7층
         Tel 02)720-6107~9 | Fax 02)733-6708
         홈페이지 www.jogyebook.com
         도서보급 | 서적총판사업팀 02)998-5847
         구입문의 | 불교전문서점 02)2031-2070~3 / www.jbbook.co.kr

값 15,000원 ISBN 978-89-86821-86-4 93220